"十三五"国家重点出版物出版规划项目

中国经济治略丛书

中国再制造产业
知识产权运用机制研究

Research on the Use Mechanism of
Intellectual Property in China's Remanufacturing Industry

张士彬　著

中国财经出版传媒集团

经济科学出版社
Economic Science Press

图书在版编目（CIP）数据

中国再制造产业知识产权运用机制研究／张士彬著．
—北京：经济科学出版社，2018.11
"十三五"国家重点出版物出版规划项目
ISBN 978 - 7 - 5218 - 0012 - 8

Ⅰ.①中…　Ⅱ.①张…　Ⅲ.①制造工业 - 知识产权
制度 - 研究 - 中国　Ⅳ.①F426.4②D923.404

中国版本图书馆 CIP 数据核字（2018）第 281543 号

责任编辑：程辛宁
责任校对：郑淑艳
责任印制：邱　天

中国再制造产业知识产权运用机制研究

张士彬　著

经济科学出版社出版、发行　新华书店经销
社址：北京市海淀区阜成路甲 28 号　邮编：100142
总编部电话：010 - 88191217　发行部电话：010 - 88191522
网址：www. esp. com. cn
电子邮件：esp@ esp. com. cn
天猫网店：经济科学出版社旗舰店
网址：http://jjkxcbs. tmall. com
北京时捷印刷有限公司印刷
710 × 1000　16 开　12.75 印张　220000 字
2019 年 1 月第 1 版　2019 年 1 月第 1 次印刷
ISBN 978 - 7 - 5218 - 0012 - 8　定价：68.00 元
（图书出现印装问题，本社负责调换。电话：010 - 88191510）
（版权所有　侵权必究　打击盗版　举报热线：010 - 88191661
QQ：2242791300　营销中心电话：010 - 88191537
电子邮箱：dbts@ esp. com. cn）

本书受以下项目资助：
国家自然科学基金面上项目（71173137）
国家社科基金重大项目（12 & ZD073）
国家社科基金重点项目（12AZD104）
山东建筑大学博士科研基金项目（XNBS1828）

前　言

　　再制造产业是对废旧产品或零配件进行修复和改造的产业，能够最大限度地实现资源的循环利用，受到世界很多国家或地区的高度重视。事实上，再制造产业本质上是废旧产品再利用技术创新成果的市场化，属于技术密集型产业，依赖于知识产权制度的支撑，从知识产权的社会价值定位来说，知识产权制度的重点应放在鼓励促进运用上。再制造产业知识产权运用机制是以再制造产业为研究对象，以知识产权为工具，以提高产业知识产权运用能力为手段，以促进产业有序快速发展为目标，通过分析明确再制造产业知识产权运用的主要主体，理顺各方的相互关系，明确各方的利益诉求，构建知识产权运用体系及其保障体系，勾画再制造产业知识产权运用机制的蓝图，集中各运用主体之力量共同促进再制造产业有序快速发展。目前，部分学者研究了知识产权保护下的再制造产业发展问题，但还缺少系统性研究。设计再制造产业知识产权运用机制，是实现资源循环利用、促进再制造产业有序快速发展的重要理论和决策依据，也是对其他战略性新兴产业知识产权工作的有益探索。

　　本书所指中国再制造产业知识产权运用机制，包括再制造产业知识产权运用机理、知识产权运用体系和知识产权运用的保障体系。

　　第3章介绍再制造产业知识产权运用机理，分析再制造产业知识产权运用的必要性与系统演化的条件机理；研究再制造产业知识产权运用的运行机理及作用机理，分析再制造产业知识产权运用系统的组成要素、各要素内在工作方式及诸要素相互联系、相互作用的运行规则和原理；提出再制造产业知识产权运用体系框架。

第4章、第5章和第6章介绍再制造产业知识产权运用体系，从经济和法律两个视角分析废旧产品中含有的知识产权归属问题，分别构建博弈模型，探讨促进原制造同意对再制造商进行知识产权许可和促进再制造商向原制造商缴纳知识产权使用费，建立再制造商和原制造商的知识产权共享路径；研究再制造商和知识产权服务商的合作模式，分析双方在不同市场条件下合作模式及均衡策略；研究再制造产业知识产权运用的市场推广策略，运用合理行为模型的修正模型调查再制造产品消费者购买意向的影响因素，运用STP战略制定再制造产业知识产权运用的市场推广规划，运用4P策略制定不同细分市场的市场推广策略。

第7章介绍再制造产业知识产权运用的保障体系，包括支持体系、规范体系和促进体系，分析了其作用和构成，为再制造产业知识产权运用体系的顺利实现创造所需要的发展条件。

本书内容将确定再制造产业知识产权运用的主要主体，明晰废旧产品中含有的知识产权归属问题，理顺再制造商和原制造商的知识产权关系，明确不同市场条件下的再制造商与知识产权服务商的合作模式及均衡策略，给出影响消费者购买再制造产品的主要影响因素和再制造产品消费者市场细分结果，并构建再制造产业知识产权运用的保障体系，奠定再制造产业有序快速发展的理论基础，为构建再制造产业知识产权运用机制提供思路与决策依据。

在此，我要感谢所有给予我指导和帮助的老师和学者们，同济大学的刘光富教授、刘焉然博士，山东大学的门成昊博士，东华理工大学的鲁圣鹏博士，山东建筑大学的王海滋教授、张雷副教授，感谢你们真诚的帮助、启发，本书稿的完成离不开你们的辛勤付出。谢谢你们！

由于作者水平有限，本书错误和不足之处在所难免，希望读者批评指正。

CONTENTS 目录

第1章 绪论 / 1

1.1 背景与意义 / 1
1.2 相关概念与范围界定 / 16
1.3 研究思路、技术路线与研究方法 / 18
1.4 研究内容 / 21
1.5 创新之处 / 22

第2章 文献综述及相关理论基础 / 23

2.1 文献综述 / 23
2.2 理论基础 / 41

第3章 再制造产业知识产权运用机理 / 49

3.1 再制造产业知识产权运用现状分析 / 49
3.2 研究再制造产业知识产权运用的必要性 / 57
3.3 再制造产业知识产权运用的动因 / 61
3.4 再制造产业知识产权运用系统演化的条件机理 / 64
3.5 再制造产业知识产权运用的运行机理 / 67
3.6 再制造产业知识产权运用的作用机理 / 73
3.7 再制造产业知识产权运用体系框架 / 76
3.8 本章小结 / 79

第4章 再制造商和原制造商知识产权共享路径 / 81

4.1 问题提出 / 82
4.2 废旧产品中含有的知识产权归属问题分析 / 83
4.3 原制造商对再制造商进行知识产权许可的博弈分析 / 87

4.4　再制造商向原制造商缴纳知识产权使用费的博弈分析 / 92

4.5　再制造商和原制造商知识产权共享路径 / 97

4.6　本章小结 / 99

第 5 章　再制造商和知识产权服务商合作模式 / 101

5.1　问题提出 / 101

5.2　再制造商和知识产权服务商合作的博弈分析 / 103

5.3　再制造商和知识产权服务商的合作模型 / 111

5.4　再制造商与知识产权服务商融合发展分析 / 112

5.5　本章小结 / 118

第 6 章　再制造产业知识产权运用的市场推广策略 / 120

6.1　问题提出 / 120

6.2　再制造产品消费者购买意向影响因素调查 / 123

6.3　再制造产业知识产权运用的市场推广规划 / 134

6.4　再制造产业知识产权运用的市场推广策略 / 137

6.5　本章小结 / 143

第 7 章　再制造产业知识产权运用的保障体系 / 145

7.1　再制造产业知识产权运用的保障体系的作用与构成 / 145

7.2　再制造产业知识产权运用的支持体系 / 149

7.3　再制造产业知识产权运用的规范体系 / 153

7.4　再制造产业知识产权运用的促进体系 / 159

7.5　本章小结 / 163

第 8 章　结论与展望 / 164

8.1　主要结论 / 164

8.2　研究展望 / 166

参考文献 / 167

附录 A　再制造产品消费现状调查问卷 / 187

附录 B　汽车零部件再制造试点单位调研问卷 / 189

附录 C　再制造相关标准 / 190

第 1 章

绪 论

1.1 背景与意义

1.1.1 背景

1.1.1.1 我国再制造产业知识产权运用现状分析

随着工业化的高度发展，我国面临着资源能源短缺、环境污染和生态破坏的三大压力。而与此同时，我国已进入电器电子产品、机械装备和汽车等报废的高峰期，废旧电器电子产品、机械装备、汽车数量持续增加。商务部发布的《中国再生资源回收行业发展报告（2016）》显示，2015年，我国五种主要废弃电器电子产品的回收量约为 15274 万台，其中废电视机回收量为 5850 万台，废电冰箱回收量为 1705 万台，废洗衣机回收量为 1545 万台，废房间空调器回收量为 2432 万台，废微型计算机回收量为 3742 万台；全国 80% 的在役机械超过保证期，机床保有量 800 万台，役龄 10 年以上的传统旧机床超过 300 万台，废旧汽车约 500 万辆（郭锴，2015），这些废旧产品中蕴含着丰富的可再利用资源，但如果不能被合理处置，将会带来严重的资源浪费和生态破坏等问题。为了最大限度地实现资源的循环再利用，我国正在大力发展再制造产业，对缓解资源能源短缺、解决环境污染和生态破坏等问题具有重要的意义。

制造产业是将原材料生产加工成为产品的一种生产活动的统称，再制造产业则是指在原制造产业的基础上，以产品全寿命周期理论为指导，将废旧产品利用技术手段进行修复和改造的一种产业，是将废旧汽车零部件、工程机械、电器电子产品等进行专业化修复的批量化生产过程，是循环经济"再利用"的高级形式。作为一种对废旧产品实施高技术修复和改造的产业（徐滨士，2008），再制造对节约资源、保护生态环境和缓解能源危机具有重要作用，与制造新品相比，再制造产品可节省成本50%、节能60%、节材70%，几乎不产生固体废物，因此，在资源短缺、环境恶化等背景下，世界各国、各地区纷纷将注意力转移到再制造产业上（Govindan，2016）。中国政府近年来高度关注再制造产业发展，中共十八大报告指出，要把生态文明建设放在突出地位，大力推进生态文明建设，着力推进绿色发展、循环发展、低碳发展；同时，制定了一系列政策推动再制造产业有序快速发展，如《再制造产业发展规划》《再制造产品认定管理暂行办法》《关于推进再制造产业发展的意见》《再制造单位质量技术控制规范（试行）》《关于印发再制造产业"以旧换再"试点实施方案的通知》等。但是，我国再制造产业发展面临着复杂的国内外发展环境，发展之路困难重重。

从国内发展环境来看，我国再制造产业起步较晚，1999年才正式提出再制造的概念，处于发展的初级阶段，市场制度不完善，发展秩序较为混乱，突出表现在再制造知识产权侵权纠纷上，如我国发生的古贝春公司酒瓶侵权案、鲁湖酒厂酒瓶侵权案、雪乡酒业公司酒瓶侵权案等，案件实质内容均为回收再制造旧酒瓶重装新酒并进行销售，案情基本相同但出现了截然不同的结果：古贝春公司被判不侵权，鲁湖酒厂被判侵权、雪乡酒业公司和原告通过调解解决了知识产权纠纷问题，究其根本是我国再制造产业知识产权相关的法律法规制度不完善，知识产权人和再制造商之间的知识产权关系不明确。而且，现阶段，我国消费者无论是对再制造产品的生产模式，还是对再制造产品质量都不认可，存在一定的认识误区，在对玉柴再制造工业（苏州）有限公司的实地调研过程中，公司负责人指出，我国消费者对再制造产品的认可度不高，很多消费者认为再制造产品是翻新品、劣质品、残次品、存在质量缺陷的产品等，市场接受度不高，会导致再制造企业的发展困难重重。时任卡特彼勒亚太区总经理李征宇在一次记者访谈中也指出，中国再制造市场发展缓慢的一个极其重要的原因就是消费者对再制造产品的了解还不够，我们的普通消费者需要更多地了解再制造。

从国际市场发展环境来看，美国等发达国家再制造产业迅速发展，国外再制造产业巨头纷纷进军中国市场，抢占我国市场份额，总投资接近30亿元人民币的大众一汽发动机（大连）有限公司动力总成再制造项目于2011年8月开始投产；2012年，美国卡特彼勒公司与广西玉柴机器股份有限公司（玉柴）合资成立的再制造企业正式开业。而且，美国、日本等国家也在加大对再制造产品的出口，给我国再制造产业带来巨大的国际市场竞争压力。同时，我国再制造产业的发展越来越多的遭受到国外企业的知识产权挑战，影响我国对外贸易发展。例如，在日本打印机墨盒案中，我国境内的 RA 公司收集消费者使用过的 BCI－3e 系列喷墨墨盒（佳能公司生产），将它们重新填充墨水制成再生墨盒进行销售，遭到佳能公司的知识产权侵权诉讼，最后被判侵权，此案引起了我国的高度关注，国家知识产权局知识产权发展研究中心等也曾组织国内外专家学者专门对此案件进行研讨（超青，2006），因为它不仅会关系到双方当事人的利益，也会关系到我国很多修理企业的生存问题，还会关系到我国企业的国际贸易能否健康有序发展的问题。

再制造产业本质上是废旧产品再利用技术创新成果的产业化，属于技术密集型产业，是我国战略性新兴产业的重要组成部分，其本质和特点决定了再制造产业的发展离不开知识产权制度的支撑。2008 年，国务院颁布实施《国家知识产权战略纲要》，提出要努力提升我国知识产权创造、运用、保护和管理能力，而运用是核心和关键，因此，必须不断提高再制造产业知识产权运用能力。为此，中国内燃机工业协会于2015 年 4 月举办"再制造产品认定、标准体系及知识产权培训"，为企业解读再制造产业的知识产权问题及保护措施。但整体来看，我国再制造产业仍然处于发展的初级阶段，知识产权运用水平较低，知识产权战略落后、发展秩序混乱，产业发展速度缓慢。首先，再制造产业知识产权运用相关的法律法规不完善，运用主体之间的权利义务关系不明确，原制造商和再制造商对废旧产品中含有的知识产权归属问题存在争议，影响我国再制造产业规范有序发展；其次，知识产权运用的市场购买力不足，消费者对再制造产品认可度不高，认为再制造产品是翻新品、残次品、存在问题的产品等，市场购买力不足，影响再制造产业有序快速发展。

通过以上分析可以发现，再制造产业的发展需要完善的知识产权战略特别是知识产权运用战略作支撑。关于再制造产业知识产权战略，政府给予了高度关注，学术界也将此作为研究热点，但更多的是对再制造法律问题、完善的知识产权保护制度假设下的利益协调关系问题等进行研究，但对于如何完善再制造产业知识产权制度及从产业层面研究再制造的知识产权问题，却少有人涉及，亟待解决的理论以及实践操作的问题很多，有很大的研究潜力与空间。在此背景下，研究我国再制造产业知识产权运用问题具有重要的意义，通过构建科学合理的知识产权运用机制，指导我国再制造产业有序快速发展，为其他产业知识产权运用机制的建立与完善提供可借鉴之处。

1.1.1.2 美国再制造产业知识运用现状与启示

美国再制造产业起始于 20 世纪 30 年代的汽车产业，最初目的是走出当时的经济困境，80 年代正式提出了再制造的概念。此后，美国再制造产业取得了高速发展。经过多年的积累，美国再制造产业知识产权运用水平较高，已经形成了比较规范的知识产权运用体系，知识产权保障体系在不断完善，推动美国再制造产业有序快速发展。

（1）美国建立了较为完善的知识产权法律与政策体系，为再制造产业知识产权运用战略的实施奠定了良好的法律基础。在 20 世纪 80 年代起，美国就把知识产权战略作为重要的发展战略，对内，通过实施《杜拜法案》《联邦技术转移法》《技术转让商业化法》《美国发明家保护法令》《商标法》等，不断提高企业知识产权运用和管理水平；对外，制定和实施"特别 301 条款"和"337 条款"、TRIPs 协议以及通过对外知识产权多边谈判等，加强对国外对美国知识产权侵权行为的制裁（季明，2011）。同时，权利用尽原则是分析再制造知识产权侵权纠纷的理论基础，美国采取的是"首次销售穷尽"说，并在美国专利法第 154 条得到明确，即指当知识产权人自己制造或许可他人制造的受知识产权保护的产品上市经过首次销售之后，知识产权人对这些特定产品不再享有任何意义上的支配权，简单地说购买者对这些产品的再转让或使用都与知识产权人无关（Barrett，2002），权利用尽原则的确立为美国再制造产业的规范有序发展奠定了法律基础。

（2）美国法院根据以往再制造知识产权侵权纠纷案件的审判，已形成了比较成熟的审判经验。在美国，再制造知识产权侵权纠纷案件基本上会被法院审判为三种结果：第一类被认定为再制造，并认定为对知识产权人构成了侵权，如 1.1.1.3 节所介绍的棉包捆扎带案；第二类被认定为修理，并认定为不构成对知识产权人的侵权，如 1.1.1.3 节所介绍的美国一次性相机案和离合器案；第三类被认定为"类似修理"，并认定为不构成对知识产权人的侵权，如1.1.1.3节所介绍的美国打印机墨盒案。成熟的审判经验为再制造产业发展过程中的知识产权侵权纠纷案件的顺利解决奠定了基础。

（3）美国政府特别重视再制造的资源节约和环保价值。在美国，各个州也都有关于回收和再利用的法律法规。早在1991年，美国便出台了关于废旧轮胎回收和利用的法律；1994年，将打印机墨盒等受知识产权保护产品的再生利用纳入环境保护法之中，规定联邦政府机构必须使用再生墨盒和粉盒；2015年10月，美国众议院通过联邦汽车维修成本节约法案，支持再制造在联邦政府车队中的应用（无锡市发展和改革委员会，2016）。在美国普锐斯公司与日本丰田汽车公司知识产权侵权纠纷案件中，更是直接考虑了环境保护的因素，虽然得克萨斯州法院陪审团确认丰田汽车公司确实侵犯了普锐斯公司的知识产权，但由于丰田公司混合动力汽车有利于节能环保产业的发展，法院最后援引公共利益，没有判决丰田汽车公司停止侵权，而是判定丰田汽车公司向普锐斯公司支付知识产权使用费；普锐斯公司上诉至联邦巡回上诉法院，联邦巡回上诉法院最后也维持了得克萨斯州法院的判决。美国政府的重视和支持，有力地促进了再制造产业的快速发展。

（4）美国很多制造商向第三方再制造商进行知识产权许可。美国越来越重视对知识产权人利益的保护，知识产权许可已成为很多美国企业获取经济利益的重要手段。在此背景下，美国很多原制造商也向第三方再制造商进行知识产权许可，如世界工程机械巨头卡特彼勒公司，其授权在我国的经销商利星行机械公司不但可以经销卡特彼勒设备，还可以从事卡特彼勒品牌旧设备的再制造及再销售业务（熊中楷，2012）；2009年，广西玉柴机器股份有限公司（玉柴）与美国卡特彼勒公司的子公司卡特彼勒（中国）投资有限公司签署协议，双方合资成立一家再制造企业新公司，2012年双方成立的合资再制造企业正式开业。美国企业通过收取知识产权使用费也大大提高了自己的经济效益，如德州仪器公司从20世纪80年代中期开始，要求日本多家公司为基尔比集成电路基本专利支付3%的知识产权使用费，仅此一项，日本公司每年需要向德州仪器公司缴纳7.27亿美元的知识产权使用费（包海波，2004）。

（5）越来越多的美国企业从事再制造业务。随着人们环保意识的增强以及地球可用资源的日益匮乏，美国很多企业也纷纷展开对废旧产品的二次利用，以此响应国家的政策，提升自己的竞争力。全球工程机械制造业的巨头卡特彼勒公司在 20 世纪 70 年代开始涉足再制造领域，据不完全统计，卡特彼勒公司目前在 8 个国家拥有 19 家再制造工厂，年产 220 万件再制造产品、每天再制造 100 件发动机/变速箱（刘东霞，2004）；惠普公司提出了名为"地球伙伴计划"的全球环保硒鼓回收计划，通过回收再制造手段，可将硒鼓的 90% 重新利用（Ginsburg，2001）；美国施乐（Xerox）公司生产的墨盒中回收再利用占到总产量的 60%，大大减少垃圾产生量（Schultmann，2003）；美国医院用床的市场领导者 Hill-Rom 对其产品进行回收再制造，在扩大了自身市场份额的同时，也使得消费者能够以更低的价格获得相应的产品（Heese，2005）。

（6）美国不断加大对再制造产品的市场推广。第一，再制造产品在美国市场上占据着重要的市场份额，比如汽车产品再制造，在汽车维修行业中，再制造汽车零部件占到汽车售后服务市场份额的 45%～55%，部分再制造零部件所占市场份额甚至接近 100%（李育贤，2012）。第二，美国政府积极促进再制造的市场推广，美国在 1994 年就已经将喷墨打印机墨盒的再生利用纳入环境保护法之中，规定联邦政府机构必须使用再生墨盒和粉盒；2015 年 10 月，美国众议院通过了联邦汽车维修成本节约法案，在法案中要求各联邦机构的负责人，"如果使用再制造汽车零部件可以在保证质量的同时降低车辆维修成本，就应当鼓励使用此类零部件对联邦车辆进行维修"（无锡市发展和改革委员会，2016），积极推动汽车零部件再制造的发展。第三，消费者绿色消费的观念比较强，对再制造产品市场接受度较高，休谟（Hume，1989）等通过调查发现，90% 的人愿意购买那些采用与环境相容技术的制造商的产品。

（7）美国再制造产业知识产权运用的保障体系不断完善，第一，美国再制造知识产权相关的法律法规制度越来越完善，比如美国 US006512894B2 号的专利，在其公开的文件中明确指出"制造、再制造和销售这个处理盒时，需要首先获得上述权利"（to manufacturer, remanufacture and sell the process cartridge, it is necessary to obtain license for the above rights），文件表明，这项专利产品的再制造与制造和销售一样，必须要获得权利人的知识产权许可（Kazuhiro，2003）。第二，不断加强对再制造技术的研发力度，保障再制造的可持续发展，美国于 20 世纪 90 年代初成立了国家再制造与资源恢复国家中心以及再制造研究所、再制造协会等，不断提高再制造技术研发水平。再制造过程难免会涉及产品工艺、生产设备、再制造产品本身的创新，进而产生有价值的创新，如美国 2010 年公布的专利号为 US20100014665A1 的专利，其核心技术即为再制造方法（Ruben，2010）。第三，企业不断提高再制造水平，美国通用、福特和克莱斯勒 3 大汽车制造商联合在密歇根州的海兰帕克建立汽车回收利用研究开发中心，提高对废旧产品的回收和再利用水平。

较高的再制造产业知识产权运用水平促进了美国再制造产业有序快速发展的实现。早在 1996 年，美国就有 7 万多个专业的再制造公司，生产 46 种主要再制造产品，年销售额 530 亿美元（1996 年美国钢铁产业是 560 亿美元的年销售额），总直接就业人数达到 48 万人（一周财经分析，1999）。2005 年，美国再制造产业产值达到 750 亿美元，而到 2012 年，美国仅再制造商品出口总额就达 430 亿美元（丁吉林，2014）。汽车再制造产业一直是美国重要的再制造产业，美国汽车及其配件再制造产品占美国再制造产品的 56%（徐滨士，2009）。在 "探索汽车产业的可持续发展暨 2016 汽车检测·再制造国际论坛" 上，美国汽车工程师学会的保罗教授指出，汽车零部件再制造领域，目前全球拥有约 8000 家企业，约值 800 亿美元。

通过对美国再制造产业知识产权运用的现状分析，一方面，启示我们尽快研究和提高知识产权运用水平，推动我国再制造产业实现有序快速发展，不但是必需的，也是可行的；另一方面，美国也为我国再制造产业知识产权运用水平的提高提供了很多可借鉴之处。

1.1.1.3　再制造知识产权侵权纠纷案例分析与启示

再制造是对废旧产品的回收和再利用，在没有获得知识产权人许可的情况下，再制造行为必然会涉及对废旧产品中含有的受法律保护的知识产权的侵权纠纷问题。我国、美国、日本都曾发生过再制造知识产权侵权纠纷的案例，特别是美国、日本等国家已经发生了很多相关案例，积累了丰富的审判经验，为这些国家再制造产业的有序快速发展奠定了良好的法律基础。本部分即对我国、美国以及日本的再制造知识产权侵权纠纷案例进行具体介绍。

1. 我国的相关案例

（1）古贝春公司酒瓶侵权案。

鞠爱军于 1996 年 2 月 4 日向中国专利局申请了一种 "酒瓶" 的外观设计，于 1997 年 9 月 20 日获得该知识产权，该外观设计的简要说明记载：本设计的左、右、前、后视图相同，前视图为主视图，省略左、右、后视图，其前视图显示瓶主体表面由三分平面构成，酒瓶中部相对于上、下两部分呈凹陷状。鞠爱军作为山东银河酒业（集团）总厂（简称银河酒厂）职工，曾同意总厂无偿使用其外观设计知识产权酒瓶装白酒，1999年9月30日与银河酒厂签订独占知识产权实施许可合同，银河酒厂每年向其支付知识产权使用费为15万元。

1999年8月16日，山东武城古贝春集团总公司（简称古贝春集团）作为甲方与乙方诸城康业副食经销处（简称诸城经销处）签订协议，甲方授权乙方作为古贝春系列酒在诸城市的总经销。双方商定：由乙方提供酒瓶，甲方提供剩余包装物及散酒，生产"古贝春头曲"，由乙方独立销售；乙方负责把酒瓶送到古贝春集团仓库。

协议签订后，古贝春集团开始生产"古贝春头曲"酒产品并投入市场。该酒产品的包装盒上注明生产制造商为古贝春集团。使用的酒瓶为诸城经销处回收的旧酒瓶，由古贝春集团对酒瓶进行清洗、检测、再加工、消毒等，使旧酒瓶成为可以重新再利用的酒瓶，并灌制、包装"古贝春头曲"酒。该酒瓶的形状为方形瓶，即前、后、左、右一致，每一侧面由三分平面构成，中部相对于上、下两部呈凹陷状。揭开部分瓶体包装可见，有的瓶体中部一个侧面带有形纹。

知识产权人鞠爱军后来发现古贝春集团擅自使用其设计并拥有知识产权的酒瓶，大量制售"古贝春头曲"进行营利活动，使其知识产权利益受到侵害，并侵害了使用该外观设计知识产权的银河酒厂的经济利益，于是向法院起诉，请求法院判令被告立即停止侵权行为，赔偿其经济损失30万元。

该案件经历两次审判。一审法院认为，被告古贝春集团的行为侵犯了原告鞠爱军的知识产权，判决被告要停止对原告外观设计知识产权的侵权行为，同时，赔偿原告经济损失8万元。二审法院最后作出终审判决：古贝春集团的行为不侵犯原告鞠爱军的知识产权，驳回原告的诉讼请求（山东省高级人民法院，2000）。

（2）鲁湖酒厂酒瓶侵权案。

丰谷酒业是四川省规模最大的综合性酿酒企业之一，该企业享有ZL02356137.8号酒瓶外观设计知识产权。2006年7月，丰谷酒业在市场上发现，绵阳市三台县鲁湖酒厂生产、销售的名为"丰杯头曲"的产品涉嫌侵犯自己的知识产权。原来，鲁湖酒厂擅自在市场上回收丰谷酒业的旧酒瓶，在对旧酒瓶进行清洗、检测、再加工、消毒等工艺之后，使旧酒瓶成为可以重新再利用的酒瓶，用来灌自己的白酒并进行销售。丰谷酒业认为，鲁湖酒厂未经知识产权人许可，就将旧酒瓶进行再制造和灌装自己的白酒进行销售，应承担侵权责任。

2007年1月23日，绵阳市知识产权局经口头审理认为，被请求人鲁湖酒厂的侵权行为成立，应立即停止销售侵犯ZL02356137.8号"丰杯头曲"酒瓶的侵权行为，并不得将侵权产品投放市场。

鲁湖酒厂不服绵阳市知识产权局的处理决定，向绵阳市中级人民法院提起行政诉讼。2007年5月9日，绵阳市中级人民法院判决，认为被告鲁湖酒厂的行为侵犯了原告丰谷酒业的知识产权。随后，鲁湖酒厂向四川省高级人民法院提起上诉。2007年11月9日，四川省高级人民法院做出终审判决，被告鲁湖酒厂的行为侵犯了原告丰谷酒业的知识产权。

尽管丰谷酒业多次采取了维权行动，但市场上的侵权产品仍不断出现。2009年5月，丰谷酒业在绵阳、德阳、广元等地发现，市场上未经授权且使用丰谷酒业的外观设计知识产权的酒在大量销售。为此，丰谷酒业向绵阳市知识产权局提起处理请求。经绵阳知识产权局调查，四川柏梓酒业有限公司等8家白酒生产企业和嘉乐副食批发部等2家销售商几乎是通过回收丰谷酒业的旧酒瓶灌装酒进行销售。最后，绵阳市知识产权局认为，柏梓酒业等侵犯了丰谷酒业的知识产权，并要求不得以任何形式将侵权产品投放到市场。

（3）雪乡酒业公司酒瓶侵权案。

原告邹某是牡丹江酒厂的董事长，享有ZL03346884.2号酒瓶外观设计知识产权。邹某所在的牡丹江酒厂使用邹某具有外观设计知识产权的酒瓶生产、销售"牡丹江特酿"。被告雪乡酒业公司自2004~2006年一直回收涉案的外观设计知识产权酒瓶，在对旧酒瓶进行清洗、检测、再加工、消毒等工艺之后，使旧酒瓶成为可以重新再利用的酒瓶，用来包装自己生产的"雪乡情白"酒进行销售，侵害了知识产权人的利益，并侵害了使用该外观设计知识产权的牡丹江酒厂的经济利益。知识产权人邹某在发现雪乡酒业公司擅自使用其设计并拥有知识产权的酒瓶后，与雪乡酒业公司进行多次协商未果的情况下，以侵害外观设计知识产权为由向法院起诉。

该案件经历了两次诉讼。一审法院认为被告具有恶意，其行为侵犯了原告的知识产权。被告不服提出上诉。二审诉讼中，黑龙江省高级人民法院通过调解解决了此案。法院最终虽然通过调解解决了此案，但回避了案情的核心症结所在，并未对实质性问题进行明确答复（黑龙江省高级人民法院，2007）。

2. 美国的相关案例

（1）棉包捆扎带案。

棉包捆扎带案是1882年美国最高法院审理的一个再制造侵权纠纷案件。在该案中，涉案的知识产权产品是一项包扎棉包的金属扣带的专利，该金属扣带包括金属扣和金属带，并且金属扣上印有"仅授权一次使用"的字样。消费者购买这种捆扎带用于捆扎棉包来把棉花从种植园运到棉花加工厂，金属带在使用后仍存在棉包上，直至被使用者剪断或者丢弃。该案件的被告收集了大量被剪断的金属带，并将它们铆接起来，再加上金属扣，重新制作成新的棉包捆扎带并进行销售。知识产权人认为被告的行为侵犯了其知识产权权利，对其提起诉讼。

美国最高法院认为：当被告将金属扣和通过铆接断裂的带子而制成的金属带连接在一起时，其行为构成了对原告知识产权的侵权，责令其停止对原告的知识产权侵权行为（洪莉莉，2011）。

（2）美国打印机墨盒案。

美国打印机墨盒案是1997年美国联邦巡回上诉法院审理的一个再制造侵权纠纷案件。涉案的知识产权是美国惠普公司所拥有的几个关于喷墨打印机专利知识产权，专利要求的保护范围覆盖了墨盒本体及内部某些结构的技术。惠普公司根据其所拥有的知识产权生产并在市场上销售不能重复灌注的墨盒，并在墨盒上注明"立即扔掉旧的墨盒"。被告购买了大量的此种新墨盒，然后将其改装成为可以重新灌注墨水的墨盒再次销售。惠普公司认为被告的行为侵犯了其知识产权权利，对其提起诉讼。

美国联邦巡回上诉法院认为：在没有合同限制的情况下，受知识产权保护的产品的购买者有权对其购买的产品进行修改；同时，被告该行为与一般的修理行为也不尽相同，因为他们这种行为针对的受知识产权保护的产品并没有损坏，近似于接近是对不成熟的修理。最终，联邦巡回上诉法院认定被告的行为是"类似修理"，属于对技术不成熟的产品进行改造，被告的行为不侵犯原告知识产权（洪莉莉，2011）。

（3）离合器案。

离合器案是1987年美国联邦巡回上诉法院审理的一个再制造侵权纠

纷案件。该案涉及重型卡车上的离合器，当产品出现故障后，一般是将整个离合器进行更换。被告收集了被更换下来的废弃离合器并把它们拆开，经过清洗、检测、修复、再加工等必要的加工工艺之后，挑选能用的零部件用其生产线组装离合器，在组装过程中缺少的零部件用新品进行补充。这样被告组装的离合器，有的全部是由使用过的不同旧离合器上的部件组成，有的既有不同离合器上的旧部件也有个别新部件。被告将组装后的离合器进行销售，而组装后的离合器与受知识产权保护的离合器是一致的。知识产权人认为被告行为侵犯了其权利，提起诉讼。

联邦巡回上诉法院认为，使用生产线对受知识产权保护的产品进行拆装，不管部件来源于哪个产品，都只是一个经济和效率的问题，与逐个拆开并更换少量已损坏部件后重新装配是同一个效果；以商业规模大量组装，并不改变其行为性质。最后，法院认定被告行为不侵犯原告的知识产权（The United States Court，2016）。

（4）美国一次性相机案。

美国一次性相机案是 2001 年美国联邦巡回上诉法院审理的一个再制造侵权纠纷案件。涉案的知识产权产品是富士公司生产的一种"镜头胶卷一体机"的一次性相机，该相机中含有富士公司在美国申请的 14 项专利技术。该相机主要部分是一个外塑料包装，包括快门、快门按钮、镜头、卷轴、胶卷前进装置、计数器，以及一些型号中还有闪光灯和电池。富士公司设计的这种相机为一次性使用。胶卷用完后，由胶卷冲洗人将外塑料包装拆开，取出胶卷。被告购买了使用过的相机进行了加工。加工过程是：去掉纸盖；打开塑料包装；放入新胶卷和胶卷盒；为某些相机更换卷轴；更换电池；重置计数器；重新封装加上新的纸盖。被告将加工后的相机进口到美国。

在此背景下，富士公司向美国国际贸易委员申请发布禁止被告进口的命令，美国国际贸易委员会也认可了富士公司的申请。被告不服，向美国联邦巡回上诉法院提起上诉。美国联邦巡回上诉法院经过审理，最终判定被告的行为没有侵犯原告富士公司的知识产权（The Supreme Court，2016）。

3. 日本的相关案例

（1）日本一次性相机案。

日本一次性相机案是日本东京地方法院 2000 年审理的一个再制造侵权纠纷案件。该案的事实与上述美国"一次性相机案"几乎相同。原告日本富士公司生产拥有专利的一次性照相机并出口到中国台湾地区和韩国。

被告从冲洗店收购用过的富士相机，在相机中加入新胶卷、电池并加上包装后出口到日本。

原告日本富士公司认为被告侵犯了其知识产权，因此在日本对被告提起知识产权侵权诉讼并要求经济赔偿。东京地方法院经过审理，最终判定被告的行为侵犯了原告富士公司的知识产权（余翔，2004）。

（2）日本打印机墨盒案。

日本打印机墨盒案是佳能公司和我国 Recycle Assist 公司（简称 RA 公司）之间一个再制造侵权纠纷案件。佳能公司利用 JP3278410 号知识产权方法生产 BCI-3e 喷墨墨盒，并在日本及其他国家进行销售，而且，对于在日本以外国家或地区销售的墨盒，并没有与消费者达成协议将日本从销售地、使用地中排除，在产品上也没有排除的标识。佳能公司所拥有的JP3278410 号知识产权有两个独立权利要求：一是产品权利要求：液体收纳容器（墨盒）；二是方法权利要求：液体收纳容器（墨盒）的制造方法。产品权利要求的主要技术特征为要素 H 和 K，要素 H 为："压接部界面的毛管力高于第 1 及第 2 负压发生构件的毛管力"；要素 K 为："向负压发生构件收纳室填充一定量的液体，使墨盒无论如何放置整个压接部界面都可以保持在液体里"。我国境内的 RA 公司在全球范围内收集消费者使用过的 BCI-3e 系列喷墨墨盒，将它们重新填充墨水制成再生墨盒，并以低于正品 20%～30% 的价格在日本进行销售。BCI-3e 喷墨墨盒设置了一个墨水注入口，但非常难打开，于是 RA 公司在墨盒的其他地方重新开了一个口用来灌装墨水，最终制成再生墨盒。

2004 年 4 月，佳能公司在东京法院起诉 RA 公司，认为该公司销售的再生墨盒侵犯其 JP3278410 号知识产权，要求该公司停止进口、销售并废弃库存。一审法院判决，被告 RA 公司没有侵犯原告佳能公司的知识产权，佳能公司不能主张权利。一审法院判决后，佳能公司不服，向日本知识产权高等法院提出上诉。二审高等法院判决，被告 RA 公司侵犯了原告佳能公司的知识产权。二审法院判决后，RA 公司不服，向日本最高法院提出上诉，日本最高法院第一法庭于 2007 年 11 月 8 日对本案作出了最终判决，被告 RA 公司侵犯了原告佳能公司的知识产权，维持二审的判决。

4. 案例总结

通过我国、美国和日本的再制造侵权纠纷案例介绍可以发现，我国再制造产业知识产权法律法规制度不完善，影响我国再制造产业有序快速发展，也影响我国对外贸易的发展。因此，必须要尽快制定和完善我国再制造产业知识产权法律法规制度，促进再制造产业有序快速发展。而美国、日本已经发生了很多再制造侵权纠纷的案例，积累了很多审判的经验，可供我国学习和借鉴。

（1）我国再制造产业知识产权法律法规不完善。

我国的古贝春公司酒瓶侵权案、鲁湖酒厂酒瓶侵权案、雪乡酒业公司酒瓶侵权案，都涉及对受知识产权保护的废旧酒瓶的回收和再制造行为。案例中，古贝春公司、鲁湖酒厂、雪乡酒业公司都是独立于知识产权人的第三方再制造商，且都是在未获得知识产权人许可的情况下，对废旧酒瓶进行的再制造，使其可以重新灌装白酒并进行销售，这其中就涉及了酒瓶中含有的外观设计知识产权。我国发生的三个案例均是酒瓶外观设计知识产权侵权的纠纷，案件实质内容均为回收再制造旧酒瓶重装新酒并进行销售，且案情基本相同。但值得注意的是，案情基本相同的案件却出现了截然不同的结果：古贝春公司被判不侵权、鲁湖酒厂被判侵权、雪乡酒业公司和原告通过调解解决了知识产权纠纷问题。这就是有关受知识产权保护的废旧产品回收再利用是否侵权问题的复杂性所在，究其根本是我国再制造产业知识产权相关的法律法规制度不完善，知识产权人和再制造商之间的知识产权权利和义务关系不明确，进而会阻碍我国再制造产业的有序快速发展，也是本书所要研究的重要意义所在。

从美国、日本等国家再制造知识产权侵权纠纷案件中也可以发现，再制造是否侵权并没有明确的分界线，也很难进行明确地界定，具有一定的弹性，需要结合具体案例的实际情况进行分析。美国也曾指出，再制造知识产权侵权纠纷案件需要结合具体案情进行分析，由于再制造的复杂性，没有也无法确定一个明确的判定准则（The United States Supreme Court，2016）。对于美国是可行的，因为美国属于普通法系国家，也可以称之为判例法系，就是基于法院的判决而形成的具有法律效力的判定，这种判定对以后的判决具有法律规范效力，能够作为法院对再制造侵权纠纷判案的法律依据。但在我国是不可行的，我国是成文法国家，即法院判定的依据必须是国家机关根据法定程序制定发布的具体系统的法律文件。因此，我国必须在相关法律的基础上，研究国外再制造知识产权纠纷相关案例，制定我国再制造知识产权纠纷判定的法律法规条文，包括审判准则、审判原则等，指导我国再制造知识产权侵权纠纷案件的审判和判决，为我国再制造产业有序快速发展奠定良好的法律基础。

（2）再制造侵权纠纷影响我国对外贸易发展。

我国再制造产业的发展越来越多的遭受到国外企业的知识产权挑战，影响我国对外贸易发展，在日本打印机墨盒案中，日本法院作出了一个有利于知识产权人的判决，从国际贸易的角度看，这种判决是有利于其国家利益的。但我们知道，知识产权制度的一个重要目的是在一定程度上限制知识产权权利人的利益，从而更好地维护公共利益，从这个角度看，日本的判决是违反知识产权法宗旨和国际规则的，也不利于环境保护和可持续发展的实现。而且，此案更是引起了我国的高度关注，国家知识产权局知识产权发展研究中心等曾组织国内外专家学者专门对此案件进行研讨（超青，2006），因为它不仅关系到双方当事人的利益，也会关系到我国很多修理企业的生存问题，还会关系到我国企业的国际贸易能否健康有序发展的问题，更体现了本书研究的必要性。

美国打印机墨盒案和日本打印机墨盒案的案情基本相同，都涉及第三方再制造商对废旧打印机墨盒的回收和再利用，但美国打印机墨盒案中的被告被判没有侵权，日本打印机墨盒案中的被告被判侵权。美国一次相机案和日本一次相机案的案情基本相同，都涉及被告（第三方再制造商）对废旧相机的回收和再利用，但美国一次相机案的被告被判没有侵犯原告的知识产权，而日本一次相机案的被告被判侵犯了原告的知识产权。案情基本相同的案件在不同国家也出现也截然相反的判决，这也反映出有关再制造知识产权侵权纠纷案件也没有形成相关的国际规则和准则，不利于国际贸易的有序发展。

（3）总结学习国外再制造侵权判例经验。

美国、日本等国家再制造产业发展的起步较早，已经发生了很多再制造知识产权侵权纠纷相关的案件，这些案件的审判已经为美国、日本等国家再制造产业的有序快速发展奠定了良好的法律基础。通过对棉包捆扎带案、美国打印机墨盒案、离合器案、美国一次性相机案、日本一次性相机案、日本打印机墨盒案等的审判，美国、日本等国家已经积累了丰富的审判经验、审判规则与审判技巧。我国司法实践中有关再制造知识产权侵权纠纷的案件较少，理论界对此问题也没有达成共识，而随着我国再制造产业的发展，再制造产业知识产权侵权纠纷问题会逐渐显现，阻碍我国再制造产业的有序快速发展。因此，建议我国可先收集、整理、分析、总结美国和日本的相关案例，希望从中可以吸取一些司法经验和立法思考，分析我国司法实践的不足之处，更好地完善我国再制造产业知识产权法律法规制度。

1.1.2 意义

1. 理论意义

从科学探索的角度来看，本书的研究丰富了知识产权理论、产业经济学理论和管理科学理论等。首先，构建了再制造产业知识产权运用机制，包括知识产权运用机理、知识产权运用体系和知识产权运用的保障体系，以指导我国再制造产业知识产权运用工作的具体开展，推动再制造产业有序快速发展；其次，用系统分析方法研究再制造产业知识产权运用机理，分析再制造产业知识产权运用系统的组成要素、各要素内在工作方式及诸要素相互联系、相互作用的运行规则和原理，并构建再制造产业知识产权运用体系框架；最后，深入研究了再制造产业知识产权运用体系，包括再制造商和原制造商之间的知识产权共享路径、再制造商和知识产权服务商之间的合作模式和再制造产业知识产权运用的市场推广策略，并探讨构建了我国再制造产业知识产权运用的保障体系，包括支持体系、规范体系和促进体系。

2. 实际意义

推动再制造产业有序快速发展。再制造产业是对废旧产品进行回收和再利用的产业，关联主体较多，其中的知识产权问题也较为复杂，如再制造商和原制造商之间的知识产权冲突关系、消费者对再制造产品的认可度低等。本书对再制造产业知识产权运用机制问题的研究，知识产权共享路径将明晰废旧产品中含有的知识产权归属问题，理顺再制造商和原制造商的知识产权权利和义务关系，为原制造商和再制造商之间的知识产权矛盾纠纷提供解决思路和理论与决策依据；再制造商和知识产权服务商合作模式研究会探讨双方在不同市场条件下的合作模式及均衡策略问题，推动双方更好地开展合作；知识产权运用的市场推广策略将明确再制造产业知识产权运用的主要消费群体、次要消费群体和潜在消费群体，并分别制定市场推广策略，为再制造产业知识产权运用的顺利实现提供理论和决策依据。最后，再制造产业知识产权运用的保障体系的构建，将为再制造产业知识产权运用体系的顺利实现奠定基础，推动再制造产业的有序快速发展。

对战略性新兴产业知识产权战略实施具有示范带动作用。我国正在大力推进战略性新兴产业知识产权制度建设，再制造产业属于节能环保产业，是我国战略性新兴产业的重要组成部分，2012 年，国务院办公厅转发《关于加强战略性新兴产业知识产权工作若干意见的通知》，但缺乏具体的实施细则，也没有形成对再制造产业等具体战略性新兴产业知识产权工作的指导意见。在此背景下，探索设计再制造产业知识产权运用机制，对其他战略性新兴产业具有很好的示范带动作用。

推动知识产权战略的贯彻实施。2008 年，我国颁布《国家知识产权战略纲要》（国发〔2008〕18 号），提出要不断提高知识产权的创造、运用、保护和管理能力，其中，知识产权运用是核心和关键。本书对再制造产业知识产权运用机制的研究，是对实施知识产权运用战略的有益探索，可以有效推动国家知识产权战略的贯彻落实。

1.2　相关概念与范围界定

本书所指的再制造产业知识产权运用主要是指被用来再制造的废旧产品中所含有的知识产权的产业化运用问题，不断提高废旧产品的再利用率，实现促进再制造产业的有序快速发展的目标。对本书的相关概念与范围作出如下界定：

1. 知识产权

知识产权是指权利人对其所创作的智力劳动成果所享有的专有权利（牛巍，2013）。知识产权权利人或许可使用人，在一定期限内对知识产权享有独占权利，其他人要想使用则必须要获得许可，否则会被视为侵权行为并要受到相应处罚。知识产权保护并不是无限制的，一部分知识产权由于超出保护期限、未缴纳知识产权年费、被强制许可等原因而失效，不再受法律保护，其他人在使用该知识产权时则不需要得到许可，也不会产生侵权。本书所指的知识产权是仍受法律保护的知识产权，他人不得以任何方式侵犯权利人的知识产权权利。

本书所指的再制造产业知识产权，是指被用来再制造的废旧产品中所含有的仍受法律保护的知识产权，可以是废旧产品或零部件含有受保护的知识产权权利，如专利、商标、外观设计、集成电路布图设计专有权等工业产权，也可以是废旧产品中含有的制造工艺产权等。

2. 知识产权运用

2008 年，国务院颁布《国家知识产权战略纲要》，提出要提升我国知识产权创造、运用、保护和管理能力，推动企业成为知识产权创造和运用的主体，促进自主创新成果的知识产权化、商品化、产业化，引导企业采取知识产权转让、许可、质押等方式实现知识产权的市场价值。因而可以看出，知识产权运用主要包括知识产权的商用化和产业化。商用化主要包括知识产权的转让、质押、抵押等运用模式，产业化是知识产权由权利转化为产品生产的过程。

本书所指的知识产权运用，是指知识产权的产业化运用，是用来再制造的废旧产品中所含有的仍受法律保护的知识产权的产业化，即废旧产品及其零部件能够被合法有序的再制造，且生产的再制造产品能够被销售者所接受和认可。

3. 再制造产业

再制造产业是以全生命周期理论为指导，以先进技术为手段，对废旧产品或零配件进行修复和改造的产业，它针对的是损坏或报废的零配件，在性能分析和寿命评估的基础上，采用一系列先进的再制造技术进行再设计和再制造，使再制造产品质量达到或超过新品，如再制造发动机、再制造打印机等。现在的再制造一般包括两种类型：一是对废旧产品整体的再制造；二是对废旧产品当中的某些零部件的再制造。

根据再制造所利用的废旧产品是否受知识产权保护，可将再制造划分为利用含有知识产权保护的废旧产品再制造和利用不含有知识产权保护的废旧产品再制造。利用含有知识产权保护的废旧产品进行再制造时，需要得到原制造商的知识产权许可，而利用不含有知识产权保护的废旧产品进行再制造时，则不需要得到原制造商的知识产权许可。

本书所指的再制造产业，是利用含有知识产权保护的废旧产品再制造，不包括不含有知识产权保护的废旧产品再制造。

4. 原制造商

原制造商是相对于再制造商来说的，即利用原材料生产产品的企业，是被用来再制造的废旧产品的制造者，是废旧产品中含有的知识产权权利的所有人或许可使用人。原制造商并不特指一家原制造商，而是废旧产品中所有受知识产权保护的零部件、整机的原制造商的集合，因为，一件产品可能是由不同制造商生产的零部件组装生产而成的，因而，零部件中所含有的知识产权也是属于不同的原制造商的。

本书所指的原制造商，是用来再制造的废旧产品中所含有的仍受法律保护的知识产权权利的所有者或许可使用人。而且，本书假设原制造商自己不从事再制造行为。

5. 再制造商

再制造商顾名思义，就是对废旧产品进行再制造的企业。从原制造商的角度，再制造商可以分为两类：第一类是原制造商参与的再制造企业，比如原制造商自己成立或入股成立的再制造企业；第二类是独立于原制造商的第三方再制造企业。从知识产权的角度来看，如果是第一类企业的再制造行为，由于是知识产权权利人的行为，则不涉及知识产权许可问题；如果是第二类企业的再制造行为，由于是第三方的行为，则必须要获得原制造商的知识产权许可。本书研究第二类企业，即独立于原制造商而存在的第三方再制造商，其要想从事再制造，则必须要获得原制造商的知识产权许可。而对于和原制造商的知识产权许可谈判工作，再制造商可以自己进行谈判，也可以将此业务外包给专业的知识产权服务商，本书所指的再制造商是将知识产权许可谈判的工作委托给知识产权服务商的企业。

本书所指的再制造商即独立于原制造商而存在的第三方再制造商（简称"再制造商"），而且，再制造商会将与原制造商的知识产权许可谈判工作外包给知识产权服务商。

综合来看，本书所指的再制造产业知识产权运用主要是研究被用来再制造的废旧产品中所含有的知识产权的产业化运用问题，通过构建科学合理的知识产权运用机制来提高知识产权运用能力，促进再制造产业有序快速发展。

1.3　研究思路、技术路线与研究方法

1.3.1　研究思路与技术路线

技术路线见图1.1。

首先，根据研究背景与相关文献分析，确立本书主题为"中国再制造产业知识产权运用机制"，并深入学习相关的理论基础。其次，分析再制造产业知识产权运用的机理，分析再制造产业知识产权运用的目标及运用系统的组成要素、各要素内在工作方式及诸要素相互联系、相互作用的运行规则和原理，明确再制造产业知识产权运用的主要主体，包括原制造商、再制造商、知识产权服务商和消费者。再次，根据再制造商与其他主

体之间的相互关系，构建再制造产业知识产权运用体系，包括再制造商和原制造商之间的知识产权共享路径、再制造商和知识产权服务商之间的合作模式和再制造产业知识产权运用的市场推广策略，理顺再制造商和原制造商的知识产权利益关系，确定不同市场条件下的再制造商和知识产权服务商合作模式及均衡策略，制定知识产权运用的市场推广策略。然后，探讨构建我国再制造产业知识产权运用的保障体系，包括支持体系、规范体系和促进体系。最后，总结全书内容，并进行展望。

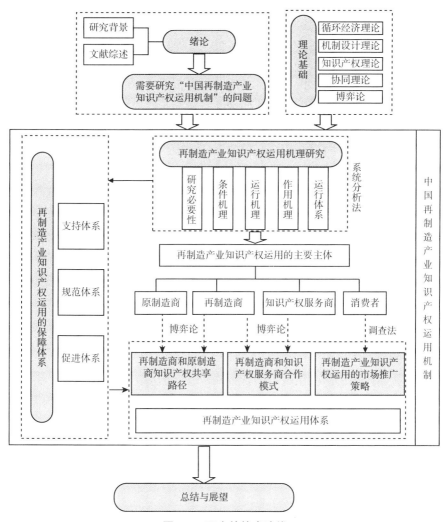

图 1.1　研究的技术路线

1.3.2　研究方法

为研究再制造产业知识产权运用机制问题，本书采用的研究方法主要有如下几类。

（1）博弈论。博弈论是研究具有斗争或竞争性质现象的数学理论和方法，是运筹学的一个重要学科。博弈论考虑游戏中个体的预测行为和实际行为，并研究他们的优化策略。本书中，作者分别构建了原制造商与制造商之间、再制造商与知识产权服务商之间的博弈模型，分析确定各方的均衡策略，进而促进再制造产业的有序快速发展。

（2）调查法。是有目的、有计划地搜集有关研究对象现实状况或历史状况的材料的方法。采用问卷调查法，研究制定知识产权运用的市场推广策略，了解消费者购买再制产品的影响因素，并根据影响因素对消费者进行市场细分，进而采取有针对性的市场推广策略，提高再制造产品消费者购买意向。同时，对再制造试点单位进行调研，了解汽车再制造企业知识产权运用的现状。

（3）案例研究法。案例是对现实生活中某一具体现象的客观描述，通过对典型对象或事件的描述、整理总结分析，归纳出事物的本质属性和发展规律的一种研究方法。本书采用案例研究法，研究我国、美国、日本已经出现的再制造知识产权侵权纠纷的案例，分析再制造产业知识产权运用的必要性及从中可以为我们提供的借鉴经验。

（4）系统分析法。系统分析方法就是把研究对象作为一个系统，分析其结构和功能，研究系统各要素在系统中的作用规律，各要素之间的相互作用、相互影响的内在规律，以及各要素在相互作用、相互影响的情况下对系统的综合作用规律。而且，系统论的目标并不仅仅是认识事物的特点和规律，而在于如何利用事物的特点和规律去控制、调整、改造或优化系统，使之按照人们预期的方向存在和发展。再制造产业知识产权运用是一个复杂的开放性系统，本书运用系统分析方法研究再制造产业知识产权运用机理，分析再制造产业知识产权运用的组成要素、各要素内在工作方式及诸要素相互联系、相互作用的运行规则和原理，探索提高再制造产业知识产权运用能力的解决方案，进而促进再制造产业有序快速发展。

1.4 研究内容

本书共分为 8 章:

第 1 章,绪论。介绍背景与意义;阐述研究思路、技术路线与研究方法;简要介绍各章节内容;最后,介绍本书的创新之处。

第 2 章,文献综述及相关理论基础。对相关的文献进行梳理;介绍本书的相关理论基础,包括循环经济理论、机制设计理论、知识产权理论、协同理论等。

第 3 章,再制造产业知识产权运用机理。分析再制造产业知识产权运用的必要性、系统演化的条件机理、运行机理与作用机理,明确再制造产业知识产权运用的主要相关主体;根据研究结果,形成再制造产业知识产权运用体系框架,包括再制造商和原制造商知识产权共享路径,再制造商和知识产权服务商合作模式和再制造产业知识产权运用的市场推广策略。

第 4 章,再制造商和原制造商知识产权共享路径。从经济和法律两个视角分析废旧产品中含有的知识产权归属问题;构建原制造商对再制造商进行知识产权许可的博弈模型,探讨如何促进原制造商同意对再制造商进行知识产权许可;构建再制造商向原制造商缴纳知识产权使用费的博弈模型,探讨如何促进再制造商向原制造商缴纳知识产权使用费。

第 5 章,再制造商和知识产权服务商合作模式。研究再制造商和知识产权服务商的不同合作模式问题,分析双方在不同市场条件下的合作模式及均衡策略,推动双方更好地开展合作。

第 6 章,再制造产业知识产权运用的市场推广策略。运用合理行为模型的修正模型调查消费者购买意向的影响因素,运用 STP 战略制定再制造产业知识产权运用的市场推广规划,明确再制造产业知识产权运用的主要消费群体、次要消费群体和潜在消费群体,并运用 4P 策略制定不同细分市场的市场推广策略。

第 7 章,再制造产业知识产权运用的保障体系。根据前面研究结果,结合对玉柴再制造工业(苏州)有限公司的实地调研,充分借鉴了美国再制造产业知识产权运用的发展经验和我国发展较为成熟的汽车再制造产业知识产权运用的发展经验,构建再制造产业知识产权运用的保障体系,包括支持体系、规范体系和促进体系,为再制造产业有序快速发展创造条件。

第8章，结论与展望。总结全书内容，并进行展望。

1.5　创　新　之　处

本书系统地介绍中国再制造产业知识产权运用机制，包括再制造产业知识产权运用机理、知识产权运用体系和知识产权运用的保障体系，创新点主要体现在以下几个方面。

（1）揭示了再制造产业知识产权运用机理。研究再制造产业知识产权运用的必要性与系统演化的条件机理，分析研究的必要性与可行性；研究再制造产业知识产权运用的运行机理与作用机理，分析再制造产业知识产权运用系统的组成要素、各要素内在工作方式及诸要素相互联系、相互作用的运行规则；从再制造产业链出发，梳理了知识产权运用的流程，分析得出：原制造商、再制造商、知识产权服务商和消费者都是再制造产业知识产权运用的重要主体，明确了主体间的相互关系，并据此构建了再制造产业知识产权运用体系框架。

（2）制定了动态的再制造产业知识产权保护力度的原则。在再制造产业发展的初级阶段，应该实行较为宽松的知识产权保护制度，为再制造产业营造较为宽松的发展环境，促进再制造产业快速发展；随着再制造产业的进一步发展，应逐渐加强对知识产权的保护力度，规范市场经济秩序，促进再制造产业实现有序快速发展。

（3）给出了不同市场条件下再制造商和知识产权服务的合作模式及均衡策略。再制造产品预期市场收益会影响到再制造商和知识产权服务商的合作模式，当市场预期收益较小的时候，再制造商应优先考虑非现金混合制模式；当市场预期收益较大时，再制造商应优先考虑雇佣制模式。同时，给出了再制造商和知识产权服务商在各种合作模式下的不同均衡策略及条件。

（4）提出了再制造产业知识产权运用的市场推广策略。运用合理行为模型的修正模型调查消费者购买意向的影响因素；运用STP战略制定了再制造产业知识产权运用的市场推广规划，明确再制造产业知识产权运用的主要消费群体、次要消费群体和潜在消费群体；最后，运用4P策略制定了不同细分市场的市场推广策略。

第 2 章

文献综述及相关理论基础

2.1 文献综述

本书提出的再制造产业知识产权运用机制，是分析再制造产业知识产权运用的机理，理顺运用主体之间的相互关系，构建再制造产业知识产权运用体系及其保障体系，集各方之力量共同促进再制造产业的有序快速发展。因此，本书从再制造产业知识产权运用的法律问题研究、再制造产业知识产权运用机理研究和再制造产业知识产权运用体系研究三个方面对国内外相关学者的研究展开综述。

2.1.1 再制造产业知识产权运用的法律问题研究

作为新兴产业，再制造产业的法律问题随之出现，其核心是权利用尽原则如何适用于再制造产业发展，即未获得授权的再制造行为是否侵犯原制造商的知识产权权利，本节对国内外再制造产业知识产权运用相关的法律问题研究现状进行一定的综述。

1. 国外现状分析

从法源本质来看，再制造是一个法律的概念。美国《布莱克法律辞典》（第九版）将再制造定义为一个知识产权法上的概念，以制造一个新产品的方式，重建或修复一个已破损，不能再用的受知识产权保护的产品，从而导致侵权（Yates，2011）。权利用尽原则是分析再制造知识产权侵权纠纷的理论基础，即知识产权所有人一旦将知识产权产品合法的置于流通领域以后，该知识产权人所拥有的一些或者全部的排他权也就用尽。伊洛（Elo，2014）等在研究中认为，再制造产业面临复杂的知识产权管理挑战，知识产权法律法规制度对再制造产业发展具有重要影响。

关于权利用尽原则，不同国家采取了不同学说。对于受知识产权保护的产品，美国采取的"首次销售穷尽"说，并在《美国专利法》第154条得到明确，即指当知识产权人自己制造或许可他人制造的受知识产权保护的产品上市经过首次销售之后，知识产权人对这些特定产品不再享有任何意义上的支配权，简单地说，购买者对这些产品的再转让或使用都与知识产权人无关（Barrett，2002）。美国的首次销售穷尽制度不是由成文法具体规定，而是通过司法实践逐步建立起来的，该制度是美国最高法院在1873年审判 ADAMS 诉 BURK 一案中提出的，但该案例仅涉及受知识产权保护产品的使用问题，没有涉及产品合法售出后的再次销售问题，因此，美国最高法院在1895年审判"Keller v. Standard Folding-Bed Co."案中进行了补充，上述两个案例的判决为知识产权制度中权利用尽原则的确立奠定了基础（Keeler，1895）。

美国再制造产业起步早，已经出现了很多再制造知识产权侵权纠纷案例，这些案例最终经过法院的审理后基本可以分为三种结果：第一类是被认定为合法的修理，不构成对原制造商侵权，如本书所介绍的美国一次性相机案和离合器案；第二类是被认定为合法的"类似修理"，不构成对原制造商侵权，如本书所介绍的美国打印机墨盒案；第三类是被认定为再制造，构成对原制造商的侵权，如本书所介绍的棉包捆扎带案。由此可以看出，美国对于废旧产品再利用过程中的知识产权侵权纠纷问题已形成较为明确的判定准则：修理和类似修理行为不构成对知识产权人的侵权，再制造行为构成对知识产权人的侵权。因而，废旧产品再利用过程中的知识产权侵权纠纷问题就转变为对行为的定性问题。美国也曾努力划清修理、类似修理和再制造的界限，但由于修理与再制造之间具有一定的连续性，很难划分。美国的一个上诉法院在审判时曾经指出："试图在这个问题上制定一个规则是不可行的，也是不明智的，因为专利发明数量巨大，情况各异……修理与再造的认定更多地依据通常意识和理智判断，而不是技术规则和定义"（U. S. Case Law，2016）。有学者在研究中也指出，维修与再制造存在一定天然连续性，很难设定一个明确的分界线（Gharfalkar，2016）。但是，为了保证判定的统一性，还是应制定相应的原则来平衡知识产权人和使用人的利益关系。首先，明确再制造的概念，1961年美国最高法院惠特克（Whittaker）法官在审理案件时对再制造行为给出了经典定义，即：受知识产权保护的产品整体报废后，实质制造了一个新产品的重新制造（The United States Supreme Court，2016）。其次，关于类似修理，美国法院只是使用"类似修理"的概念，但并未给出概念的具体定义，但美国法院认为类似修理与修理并不相同，二者的区别在于：修理的目的是延长受知识产权保护产品的使用寿命，是对损坏或磨损的零件的修理或更换；而类似修理不仅仅是对损坏或磨损的零件的更换或修理，是为了改变受知识产权保护产品的用途或提高其性能（The United States Supreme Court，2016）。最后，制定相关案件审判时需要考虑的主要因素，包括发明人的意图、专利产品的合法所有人对产品的合理期望、被更换零件的正常使用寿命与其他零件正常使用寿命之间的关系等。美国在区分产品是合法的修理还是违法的再造时往往注重分析的是案件中的具体事实与法律法规的具体规定以及以前判例的异同，再作出修理或再造的认定（U. S. Case Law，2016）。

　　日本因其国土面积有限，矿产等资源较为匮乏，在其20世纪经济高速发展时期，就致力于运用强制立法的方式，引导再制造产业走规范化发展道路，制定了《环境基本法》《废弃物处理法》《建立循环型社会基本法》《汽车回收利用法》等，对再制造产业实现严格的资格许可制度，并设立配套资金，对再制造企业进行补贴（Wei，2013），推动再制造产业的发展。在再制造知识产权法律制度上，日本也坚持权利用尽原则，如根据日本专利法理论："专利产品一经转让或者使用，就构成'实施'。但是，如果每次辗转流通都要经过专利权人的同意，专利产品的流通就将受到过度妨碍"，这表明了日本法律支持权利用尽原则，而且，日本大多也是在权利用尽原则框架下解决再制造知识产权侵权纠纷（田村善之，2006）。日本学者吉藤幸朔（1990）在区分修理与再造行为时，分成了8种情形：①如果将专利部分的一部分或全部分解、清污、再组装，不构成专利部分的新的生产，不侵犯知识产权；②将专利部分全部换件，其行为构成专利部分的新的生产，如无特别情况，构成知识产权侵权；③换件部分已基本上将专利部分全部换去，其行为构成专利部分新的生产，除特殊情况外，应当构成知识产权侵权；④更换部分未超过专利部分的一半，原则上不侵犯知识产权；⑤如修理的程度处于第三种及第四种情形之间，则看其行为与哪种情形更为接近，以便判断是否侵权；⑥如果在修理时对专利产品进行改造，使产品成为不属于权利要求范围内的物品，则改造不构成侵权；⑦如果改造专利产品但不更换零件，即使改造品属于专利发明的技术范围，由于不是新的生产，也不能视为侵犯知识产权；⑧改造专利产品且更换零件，改造品属于知识产权发明的技术范围，则适用关于修理的规则。日本学者田村善之（2006）认为应从以三个方面考察两者间的界限：首先，应该从该种行为是否属于专利发明的"物的生产"来进行判断，这种行为如果符合物的生产的要件就构成专利侵权；其次，即使形式上不符合物的生产，超过权利要求构成要件所界定的物的大部分的修理或者绝大部分的更换行为，作为超过权利用尽理论许可使用范围的再造行为，应当判断为与专利权相抵触的行为；最后，即使应当认为用尽范围之外的重新生产行为，也必须考虑是否存在默示许可而不构成侵权的情况。此时，是否构成再造与权利要求没有关系。

国外很多学者认为，随着再制造产业的发展，全球范围内原制造商与再制造商的利益冲突和知识产权纠纷问题在近年会逐渐显现。约翰（John，2009）指出，再制造产业马上进入一个爆发期，知识产权保护下的再制造行为必然会涉及对知识产权权利人的侵权，再制造侵权的行为会越来越多，所以，必须要尽快完善再制造产业知识产权法律法规制度，指导再制造产业规范有序发展。

2. 国内现状分析

我国处于再制造产业发展的初级阶段，对再制造知识产权的侵权性尚未作出明确的规定，我国学者在学术上也没有达成统一的共识。第一种观点认为，未获得授权的再制造行为属于侵权行为；第二种观点认为，未获得授权的再制造行为并不一定属于侵权行为。

（1）第一种观点认为，未获得授权的再制造行为属于侵权行为。这部分学者严格区分维修与再制造的概念，他们认为，维修并不侵权，属于法律许可的行为；再制造属于侵权行为，是法律所禁止的。因为按照《中华人民共和国专利法》规定，知识产权保护下的专利产品的制造权是受法律保护的，任何单位或个人要想行使该专利产品的制造权，必须要得到知识产权权利人的许可，包括再制造行为；而如果再制造商在不经过原制造商同意的情况下进行再制造，不仅是违法的，也是不利于再制造产业有序快速发展的（石光雨，2007；汪玉璇，2005）。李冬换（2013）指出，受知识产权保护的产品因为受到法律的保护，所以企业要想取得知识产权产品的制造权，只有取得知识产权人或拥有知识产权产品的企业的同意才可以生产产品，这其中的制造权就包括产品的再制造，尤其是再制造出来的产品和新产品本质上没什么区别时。

维修是指为使产品能够正常使用，通过检测、修复、更换零部件等方法，恢复产品的使用功能，使其达到正常设计使用寿命的维护性行为（汤宗舜，2003）；再制造是使废旧产品重新焕发生命的过程，是一种对废旧产品实施高技术修复和改造的产业，它针对的是损坏或将报废的零部件，在性能失效分析、寿命评估等分析的基础之上，进行再制造工程设计，采用一系列相关的先进制造技术，使再制造产品质量达到或超过新品。这部分学者认为，判定再制造的法律性质，首先要划定维修与再制造的界限，倘若维修与再制造的界限不清，那么法律性质的判定就难以明确，但维修和再制造在本质上具有一定的连续性，界限很难划分。总体来说，现有文献对维修与再制造问题的研究主要包括关于专利产品再制造构成要件的研究和关于判定维修与再制造行为的考虑因素研究等两方面。一方面，关于专利产品再制造构成要件的研究，洪莉莉等（2011）认为，专利产品再制造构成要件主要包括：产品要拥有专利权、专利产品整体报废、生产者实质上的再造、制造是以生产经营为目的，具备以上条件的再制造可以被分为经过权利人许可和未经权利人许可两大类。另一方面，关于判定维修与再制造行为的考虑因素方面的研究，屈继伟（2009）认为，应该以权利要求、产品的属性、消费者的使用习惯、修复的程度及耗费作为界定修理与再造的参考因素。

（2）第二种观点认为，未获得授权的再制造行为并不一定属于侵权行为。这部分学者认为，判断再造行为是否构成直接侵权时，需要在整个社会环境下考虑，在原制造商、再制造商、消费者、环境、政府等各方利益之间进行平衡，知识产权制度并不适用于追究所有侵权行为，因而，并不是所有的再制造都属于侵权行为。因为很多专家学者认识到了发展再制造产业具有良好的生态环保效应，而知识产权立法应当倾向于向环境利益和环保利益等多方面开展（张丽，2008）。如果再制造是有利于节约能源、保护环境、提高产品利用率，应定性为修理；反之，应该属于再制造（张玲，2007）。洪云（2013）明确指出，要求再制造企业获得原制造企业的授权是不合理的，并建议取消再制造产品的专利授权条例；而且，也有学者指出，区分修理与再造的理论束缚及侵权判断的复杂性等制约了再制造产业的发展（谢小添，2013）。国家应该通过完善法制建设等途径为再制造产业的发展扫清障碍（张铜柱，2010），推动再制造产业的有序快速发展。

2.1.2　再制造产业知识产权运用机理研究

据统计，2002 年，我国专利申请世界排名第五，到 2011 年一跃成为世界第一，成为专利申请第一大国，国内对知识产权的理解在不断加深，不仅促使国内企业对"创造"与"保护"有了更加深刻的认识，更重要的是，也促使了企业开始对知识产权进行"运用"和"管理"。基于现实的需要，越来越多的政府部门、专家学者、企业开始将目光转移到知识产权的运用上来。本节从关于知识产权运用机理的研究与关于再制造产业知识产权运用机理的研究两方面展开相关文献综述。

1. 关于知识产权运用机理的研究

现有关于知识产权运用机理的研究主要包括：知识产权运用是知识产权战略的核心和关键、关于提高知识产权运用能力的研究、关于知识产权运用过程和影响因素的研究和关于知识产权运用中知识产权服务业的作用的研究。

（1）知识产权运用是知识产权战略的核心和关键。现阶段，开发并应用专利技术并使其成功产业化，已经成为许多国家的科技与经济发展战略。阿西莫格鲁（Acemoglu，2016）以美国的一个邮政部门数据为例证明，专利技术运用是美国在 1804～1899 年成为科技领袖的重要原因，而知识产权的运用也让美国获得了很多回报。20 世纪 80 年代中期，美国制造业的平均利润率为 13%，而美国通过向发展中国家进行专利技术转移所获得的利润率却高达 32%（赵曙明，2000）。科尔默（Kollmer，2004）指出，知识产权战略应成为企业的商业战略，促进企业知识产权的转移、对外许可和运用，进而促进企业的创新和经济效益提高。2007 年启动的《欧洲委员会第七个研究、技术开发与示范框架计划》（2007～2013）中明确提出，科技成果必须要得到知识产权的保护，而且必须要不断促进其在实际中的应用。在我国，2008 年颁布《国家知识产权战略纲要》，提出要提升我国知识产权创造、运用、保护和管理能力。时任国家知识产权局局长田力普（2014）指出，知识产权运用是四个环节中的重要一环，是知识产权战略的重要组成部分，也是知识产权战略的重要目的。张勤（2008）指出，知识产权是一项无形财产，而经济的发展并不仅仅是有知识产权，更重要的是知识产权运用，通过运用把知识产权变为现实的生产力，创造经济效益，体现其自身价值，为知识产权权利人带来经济收入，提高知识产权主体创新的积极性，带动整个社会创新效率的提高，推动社会发展和我国建设创新型国家战略的实现。常利民（2013）指出，对企业来说，知识产权更是企业提高自身竞争力的利器，是企业核心竞争力的重要组成部分，企业必须要重视知识产权管理工作，不断提高企业的知识产权运用能力，也才能不断培育和维持企业核心竞争优势。

（2）关于提高知识产权运用能力的研究。已有文献直接对提高知识产权运用能力的研究还较少，学者们还主要倾向于将知识产权的创造、运用、保护和管理视为一个整体来分析和研究。例如，付明星（2010）、江尚（2011）等对比国内外知识产权政策制定与实施的现状，总结发达国家知识产权政策的经验教训，以期对我国完善知识产权政策提供可借鉴之处。那哈维（Naghavi，2007）、陈朝晖（2012）等从政策、人才培养、激励制度等方面为我国知识产权政策的完善提出意见和建议，提高知识产权运用能力。戴尔（Dyer，2000）、王睢（2010）等从知识产权的组织交流与合作方面提出提高知识产权运用能力的建议。这里也可以反映出，对知识产权运用的研究应该有群体的视角，强调通过组织关系网络的建立与强化来推动知识产权运用的实现。日本高度重视知识产权战略，从政府层面提高企业的知识产权运用能力：1974 年日本特许厅出版了《美国企业的专利技术战略》和《欧洲企业的专利技术战略》，旨在指导企业实施专利战略；1999 年，日本通产省设立产业竞争专家委员会，专门从事知识产权战略的研究问题，以提高企业的国际竞争力；日本内阁于 2002 年 3 月成立了以小泉首相为首的"知识产权战略本部"，同年 7 月，出台《知识产权战略大纲》，将"知识产权立国"列为国家战略。

（3）关于知识产权运用过程和影响因素的研究。本书所指的知识产权运用主要是知识产权的产业化运用，很多学者对此问题进行了研究。国外学者中，关于专利技术产业化的作用，加林（Gallin，2002）在研究美国知识产权制度改革中指出，专利产业化等知识产权政策能够推动企业的发展，如美国国会于 2004 年 6 月出台的《合作研究与技术促进法案》加强了美国政府对合作科研成果的知识产权保护，促进了专利转化的进行。关于专利技术转化的影响因素，尤因（Ewing，2012）认为，一项技术发明在最初商品化阶段有可能会失败，原因就在于其他虽不直接相关的支撑技术不够成熟而无法支持一个产品成功商业化；勒纳（Lerner，2005）认为经济发展水平、法律法规及政治环境对专利技术产业化也有着一定的影响。我国学者集中在对专利技术产业化的概念、过程、路径与模式等方面的研究，于晓（2010）对专利技术产业化的机理研究时指出，产业化是指具有同一属性的企业或组织集合成社会承认的规模程度，形成具备一定市场容量的产业集群的过程，这个过程中涉及的主体主要包括企业、高校和科研院所、各类中介服务机构和政府。关于专利技术产业化的过程，吴继英（2013）认为，专利技术产业化是一个以创新为起点、以市场为终点的动态过程，主要包括专利技术的生产、运用与推广、产业化（大规模应用）这样三大阶段。关于专利技术产业化的模式研究，成梅（2015）认为，专利技术产业化主要包括自行产业化模式、他人产业化模式和产学研联合产业模式，《中华人民共和国促进科技成果转化法》规定科技成果转化形式包括：自行投资实施转化；向他人转让该科技成果；许可他人使用该科技成果；以该科技成果作为合作条件，与他人共同实施转化；以该科技成果作价投资，折算股份或者出资比例。

（4）关于知识产权运用中知识产权服务业的作用研究。知识产权服务业是企业知识产权管理的有效补充，企业可以将非核心的知识产权业务外包给知识产权服务商，如专利信息检索、知识产权许可等业务，从而有更多的时间和精力投入到企业核心业务当中。施特尼茨克（Sternitzke，2007）在研究中指出，知识产权战略的实施对知识产权服务的需求在增强，未来的知识产权服务将会越来越具有"一站式"的特点，包括代理、专利检索、知识产权运营等服务。美国各知识产权服务商几乎都会通过网络进行宣传，展示该机构服务的主要业务范围，甚至直接在线服务（徐棣枫，2013）、库克（Cook，2008）研究了牛津大学关于专利技术成果转化及产业化的政策、运作过程及其成效。韩国政府筹建"数据库振兴基金"，资助数据库加工生产，竭力扶持知识产权服务机构发展（杨红朝，2014）。王景川（2011）认为，我国经济结构调整和转型升级过程中遇到很多知识产权问题需要知识产权服务企业提供专业的服务，对于提高经济发展质量和效益具有重要作用；但吴桐（2012）等认为，我国知识产权服务业还是处于发展的初级阶段，发展规模小、市场秩序不规范，知识产权服务水平较低，知识产权代理服务发展较快但咨询服务发展较慢，满足和开拓市场需求的能力不高，还不能充分满足企业发展的需求。对于这个现象，张津铭（2011）认为，我国知识产权服务业还没有与细分产业进行紧密结合，对具体专业、技术和市场不熟悉，因而也无法有效地帮助再制造企业提高知识产权创造、运用、保护和管理能力。

2. 关于再制造产业知识产权运用机理的研究

再制造产业属于强关联性产业，涉及的利益相关者较多，包括原制造商、再制造商、知识产权服务商和消费者等，相互之间的利益关系复杂。同时，再制造产业处于发展的初级阶段，市场经济秩序不完善，知识产权运用主体之间的权利义务关系也不明确，有待于进一步研究。因而，关于再制造产业知识产权运用机理的研究主要论述关于再制造模式的研究和关于再制造产业知识产权运用主体的研究。

（1）关于再制造模式的研究。

关于再制造模式的研究，即主要由哪个主体方负责对废旧产品进行回收和再制造的研究，主要集中在再制造模式的类别及不同类别再制造模式的比较分析两方面。

①关于不同再制造模式的研究。再制造在美国的起步较早，1984 年罗伯特（Robert）教授就从技术规范角度将再制造定义为：将已经耗损的耐用产品经过拆卸分解、清洗检查、整修加工、重新装配、调整测试等生产过程，使其恢复到既能用又经济。也有学者认为运用一定的技术方法将旧品恢复到与新品一样的性能和寿命的过程叫再制造（Guide，2000）。在美国，再制造企业有三种运作模式：第一种是独立的再制造公司，不依附于任何一家原制造厂，完全根据市场需求来生产再制造产品，对公司所生产的再制造产品负责；第二种是原制造商投资、控股或授权生产的再制造企业，这类企业只生产自己的产品，再制造后的产品直接进入原制造企业的体系中流通，并使用原制造企业的标识；第三种是小型再制造工厂，以各种可行的方式为客户提供再制造服务，废旧产品的所有权一般不发生变更，但近年来，这些小型再制造企业开始走连锁经营和集约化道路（王咏倩，2014）。从知识产权权利的角度来看，以上三种模式可以归结为两大类：即原制造进行再制造的模式和第三方进行再制造的模式。第一类是原制造商进行再制造的模式，包括原制造商通过独自成立再制造企业、入股其他再制造企业等方式进行再制造，由于是权利人（原制造商）对废旧产品的回收再利用，不涉及知识产权侵权问题，比如 IBM、柯达、惠普等企业从 20 世纪开始就已经关注回收和再制造自己企业的废旧产品（Schultmann，2003）。第二类是第三方再制造商进行再制造的模式，是指独立于原制造商之外的第三方从事再制造，此时，由于是非权利人的制造行为，会产生知识产权法律问题。随着废旧产品的日益增加、利益驱使等因素，很多第三方再制造商加入废旧产品的回收和再制造业务中，卡特彼勒在我国的经销商利星行机械公司就在从事对卡特彼勒品牌旧设备的再制造及再销售业务（熊中楷，2012）。

②关于不同再制造模式对比分析的研究。不同再制造模式都具有其相对优势和劣势。对原制造商而言，优势是：原制造商是废旧产品中含有的知识产权的权利人，而且熟悉生产技术、产品工艺，有利于再制造的开展；劣势是：业务范围过大，可能导致生产成本过高。对第三方再制造商而言，优势是：有利于进行专业化分工，提高再制造效率，降低再制造成本；劣势是：再制造前要获得原制造商的知识产权许可，存在一定的知识产权问题，从经济利益的角度看，只有再制造所带来的成本节约足够高，原制造商才能分享更多的收益，才会同意对再制造商进行授权，因为原制造商自己可能也会从事再制造行为（申成然，2015）。而且，不同再制造模式对不同利益相关者的影响是不同的。塞茨（Seitz，2007）通过对汽车发动机再制造商进行调查后得出，原制造商进行再制造的原因不只是经济利益，也有一些非经济因素，比如企业伦理和社会责任、环境立法以及品牌保护等。黄宗盛（2012）研究发现，对零售商而言，零售商再制造模式对其最有利，而第三方再制造模式对其最为不利；对制造商而言，第三方再制造模式下其利润水平最高，第三方再制造对其最有利，处于供应链中领导地位的制造商应当选择第三方再制造企业进行其废旧产品的回收再制造。一些原制造商可能存在既生产新产品又生产再制造产品的情形，考虑到此时原制造商该如何选择再制造品的产量和价格的问题，沃拉萨扬等（Vorasayan et al.，2006）建立了数学归纳模型，运用排队网络模型进行求解，最终得出利润最大化的生产方案；哈蒙德等（Hammond et al.，2007）研究了市场中存在多个制造商竞争情况下的定价模型，得到最优回收价格、销售价格以及再制造策略。对于生命周期问题，克莱贝尔（Kleber，2006）研究了从生命周期角度下，产品设计采用一次性制造而不进行再制造、采用制造和再制造集成的两种情况下的决策问题，并建立了数学模型和分析了这几种决策的临界条件，得出了再制造时机、储存时机等时间变量。

（2）关于再制造产业知识产权运用主体的研究。

再制造产业是对废旧产品进行回收和再利用的产业，涉及的主体较多，其中的知识产权关系也较为复杂。很多专家学者已经意识到再制造产业的复杂性和强产业关联性，并进行了一定的研究。

①关于再制造产业知识产权运用主体的确定及相互间关系研究。莫利诺等（Molineaux et al.，2004）认为，知识产权关联主体利益关系较为复杂，需要合理处理不同主体之间的利益平衡关系。亚伯拉罕等（Subramoniam et al.，2013）也指出，再制造产业的快速发展，需要战略规划、设计、生产系统，物流配送等各方的配合。阿卜杜拉赫曼（Abdulrahman，2014）认为，逆向物流（RL）在资源短缺和环境恶化的背景下逐渐发展起来，政府、研究人员等利益相关者都会影响到企业 RL 的实现，作者提出了一种实现 RL 的实现模型，包括管理、金融、政策、基础设施等方面。霍夫雷等（Jofre et al.，2005）通过研究发现，再制造产业是关联性很强的产业，不但包括制造商、供应商、零售商、消费者等一般产业主体，还包括生态环境、社会、科研机构等其他利益相关者。其后学者的研究则进一步明确，再制造产业知识产权运用的主要利益相关者包括原制造商、再利用商、消费者和政府，但各主体间存在利益冲突，难以形成科学合理的知识产权运用机制（刘光富，2014）。哈蒙德等（Hammond et al.，1998）认为，政府也是再制造产业的重要主体，研究了政府政策、法规的出台对企业再制造行为的影响，建立了政府给予再制造商一定补助金的模型，认为政府补贴政策可以更有效刺激企业的再制造活动。

②关于政府在再制造产业知识产权运用中的作用研究。政府是再制造产业知识产权运用的重要主体，发挥着重要的作用，而再制造产业知识产权运用的有序快速实现也需要政府法律法规和政策体系的保障和支持作用。米特拉（Mitra，2008）指出，政府补贴越多越有利于调动再制造商的积极性，同样，再制造商的积极性也影响着政府进行补贴的积极性。也有学者研究政府不同补贴政策再制造产业发展的影响，包括初始补贴、回收补贴、再制造补贴和生产补贴，研究得出初始补贴适用于再制造产业发展的初始阶段，再制造补贴和生产补贴适用于再制造产业发展到一定阶段后，而回收补贴可以有效增加废旧产品的回收（Wang，2014）。而哈蒙德（Hammond，2007）不但考虑了政府补贴对再制造产业发展的影响，也讨论了政府惩罚对再制造产业发展的影响。也有学者认为，政府的激励机制比奖惩机制实施效果更好，奖惩机制可能打击制造商的积极性，并且制造商最终还会把这部分经济损失转嫁到消费者身上，挫伤市场需求（Qiang，2013）。申成然（2013）考虑在专利完善市场存在的再制造知识产权保护问题，建立了由第三方回收再制造的闭环供应链分散决策模型，研究结果表明，在专利产品再制造需要授权的情况下，原制造商可以通过收取专利许可费与第三方再制造商分享再制造和政府补贴所带来的收益，也有学者基于政府补贴建立了原制造商与再制造商博弈模型，研究了政府补贴给再制造商、政府补贴给原制造商以及政府不采取补贴政策对双方竞争关系的

影响（Ji，2011）。

2.1.3　再制造产业知识产权运用体系研究

再制造产业作为我国战略性新兴产业，知识产权工作得到了政府的高度关注，2012 年国务院出台《关于加强战略性新兴产业知识产权工作的若干意见》（国办发〔2012〕28 号），强调要做好包括再制造产业等在内的战略性新兴产业知识产权工作，并制定了指导方针和政策。关于再制造产业知识产权运用体系的研究主要集中在对知识产权运用主体的利益协调研究上，包括关于原制造商对再制造商进行知识产权许可的研究、关于知识产权保护下的再制造闭环供应链之间的利益协调问题研究和关于再制造产品市场推广问题的研究。

1. 关于原制造商对再制造商进行知识产权许可的研究

在知识产权制度完善的市场环境下，再制造商要想从事再制造，需要获得原制造商的知识产权许可，这是企业再制造决策中必须考虑的因素，也是再制造研究中应该重视的问题。

（1）关于知识产权许可问题的研究。阿瓦格扬（Avagyan，2014）认为企业知识产权对外许可是一个潜在的有利可图的策略，但由于现在知识产权使用费一般都很低，影响了知识产权对外许可的发展。森等（Sen et al.，2007）研究了专利许可中的收费方式，将固定费用模式和浮动费用模式进行了比较，得出了两者的优势和劣势，并提出了不同的适用策略。巴吉（Bagchi，2014）研究了知识产权许可与产品差异性的关系，当产品存在一定水平的差异性下，无论是古诺模型还是伯川德竞争模型都说明，知识产权人更愿意用浮动费用模式。戈文丹等（Govindan et al.，2017）在研究中指出，知识产权授权许可对于第三方再制造商具有重要的影响，不同的知识产权授权许可方法对供应链成员的生产决策具有重要影响，其提出了有一个原制造商和再制造商构成的两周期闭环供应链模型，研究结果表明：原制造商授权方式的选择取决于固定费用的阈值，如果这个固定费用低于阈值，则原制造商适于采用浮动费用模式许可，当固定费用低于阈值时，原制造商适于采用固定费用模式许可。同时，也有学者使用新的企业层面的数据建立了两步骤模型对日本企业进行知识产权许可的倾向进行了研究，第一步估计知识产权的潜在许可方（即许可意愿），第二步确定实际影响知识产权许可的因素（Kani，2012）。有学者构建了古诺模型来研究两国间的国际技术许可行为，研究结果表明：如果国内的关税足够高，外国公司在向国内公司授权其最先进的技术时，国内企业采用劣等的技术生产方式是最佳的，这种安排可以改善两国的福利（Chen，2016）。但这些研究都是集中在新产品与新技术的许可上，还少有对再制造专利许可研究的文献。

（2）关于原制造商是否对再制造商进行知识产权许可的研究。学者洪（Hong，2012）等构建了制造商委托第三方处理废旧产品的闭环供应链模型，研究结果表明：只有当第三方回收商为非营利性机构时，零售商参与回收能够使废旧产品回收率、制造商利润和供应链总利润均达到最优。原制造商向再制造商进行知识产权许可会产生两方面的效应：一方面是收入效应，即原制造商可以通过收取知识产权使用费增加收益；另一方面是替代效应，即再制造产品替代了部分原制造产品，给原制造商造成经济损失（Atasu，2008）。关于原制造商是否对再制造商进行知识产权许可，关键要看原制造商对两种效应的判断。古德（Gueder，2010）就设计了一个拍卖机制，研究了再制造产品对原产品的蚕食效应，从而辅助 OEM 进行再制造决策。虽然产品再制造具有可观的经济效益，但部分原制造商出于成本、品牌等方面的考虑，可能会不同意对再制造商进行知识产权许可（Atasu，2009）。弗格森等（Ferguson et al.，2006）则进一步为原制造商提出了两种应对第三方再制造商的竞争策略，包括从事再制造和优先回收废旧产品权。阿塔苏（Atasu，2008）认为，原再制造商可以把再制造作为一种提高企业竞争能力的手段，通过产品的价格歧视策略来维护市场份额和利益。但是，随着再制造产业的发展，第三方再制造商的数量会不断增加，如果原制造商不同意对再制造商进行知识产权许可，再制造商只能从事侵权再制造，不利于再制造产业的可持续发展，对此，彭志强等提出了促进原制造商对再制造商进行知识产权许可的定价策略（彭志强，2014）。

（3）关于再制造商向原制造商缴纳知识产权使用费的问题研究。首先，关于知识产权使用费的作用分析，一方面，它可以增加原制造商收入，帮助原制造商维持竞争优势；另一方面，它增加了再制造商生产成本，降低了再制造商进行再制造的动力。其次，关于原制造商不同许可方式下的知识产权使用费收取问题，易余胤（2014）等研究了原制造商对再制造知识产权许可的单位产品专利许可决策模型和固定专利许可决策模型。申成然（2012）通过单周期模型、两周期模型，将新产品和再制造产品无差异时的专利许可对再制造决策的影响进行了研究。一些学者研究了原制造商如何收取知识产权使用费的问题，奥雷奥普洛斯竺等（Oraiopoulos et al.，2012）研究了当再制造商生产并销售 IT 再制造产品时，针对原制造商的知识产权授权问题构建了两周期模型，第一周期市场上只有新产品，第二周期市场上既有新产品也有再制造产品。原制造商既受到再制造商的竞争又通过收取知识产权使用费获得收益。最后，讨论了原制造商如何向再制造商收取知识产权许可费。

2. 关于知识产权保护下的再制造闭环供应链之间的利益协调问题研究

现有的研究基本是假定在完善的知识产权制度保护下的再制造产业主体间的利益协调关系问题，主要集中在关于原造商和再制造商利益关系问题研究和关于不同背景下的原制造商与第三方再制造商之间的利益协调问题研究上。

（1）关于原造商和再制造商利益关系问题研究。出于品牌或成本考虑，原制造商有时会选择不进行再制造，这时，第三方再制造商的进入往往会蚕食新产品的市场份额，从而给原制造商带来竞争威胁。出于自我利益保护，原制造商会采取专利授权方式，为第三方再制造商的进入制造"专利壁垒"。部分学者将再制造商和原制造商的利益关系对立起来，将双方利益关系视为此消彼长的关系（张铜柱，2010）。但彭志强（2010）的研究表明，在完善的知识产权保护制度下，原制造商对再制造商的知识产权许可能够使各方都获利，但只有第三方再制造商在处理废旧产品节省的成本足够低时，受专利保护的原制造商才会许可第三方制造商进行再制造。申成然（2013）在研究中也指出，原制造商可以通过收取专利许可费与第三方再制造商分享再制造和政府补贴所带来的收益，利用收益—费用分享契约，能够实现专利保护与政府补贴下闭环供应链的整体协调，而如果原制造商是斯塔克伯格（Stackelberg）博弈领导者，在一定承诺下，费率合同可以使原制造商实现利润最大化。同时，再制造产品也并不是一味地侵占原产品的市场份额，通过原产品与再制造产品的组合同样可以使企业的利益实现最大化（Atasu，2010）。原制造商也会采取不同的策略与再制造商进行竞争，据研究结论表明，原制造商可以采取加大零部件更换的难度来降低再制造商的竞争优势或采取易于零部件更换的再制造设计以便于产品售后服务（Wu，2012）。同时，作者还进一步把消费者的环境偏好加入博弈模型当中，得到了再制造设计策略是原制造商与再制造商市场竞争的一个有效手段（Wu，2013）。奥斯德米尔等（Örsdemir et al.，2014）基于原制造商对产品质量采取不同策略建立了原制造商与再制造商的博弈模型，分析原制造商对产品质量采取不同策略如何来增加与再制造商竞争优势。阿塔苏（Atasu，2013）研究了原制造商如何通过产品质量来影响再制造的环境和经济效益。

（2）关于不同背景下的再制造商和原制造商之间的利益协调问题研究。对原制造商和再制造商利益协调问题研究的学者非常多，阿卜杜拉赫曼等（Abdulrahman et al.，2015）从再制造技术、管理、市场、政策法规等方面结合具体案例分析并收集数据，构建我国再制造企业的决策框架。弗雷克林等（Vercraene et al.，2014）考虑一个协调制造、再制造并考虑回收检测控制混合生产库存系统，到达系统数服从泊松分布，并通过排队论进行建模求解。哈桑扎德等（Hassanzadeh et al.，2014）针对零售商、批发商和制造商组成的三级供应链，通过响应面法，从订单和库存方差两个维度分析牛鞭效应产生的原因。乔凡尼（Giovanni，2014）研究了以制造商为主导的两阶段闭环供应链，结果表明：零售商回收能给制造商带来更大的收益。纳古尼（Nagurney，2012）对政府补贴下，制造商和零售商之间的协调契约机制做了深入研究，分析了数量折扣契约、价格补贴契约、收入费用共享契约三种契约机制的设计问题，以实现双方利润最大化。乔伊斯（Choi，2013）在研究中指出，产品再制造的商业价值已经得到充分认可，其研究了一个原制造商、一个零售商和一个回收商的闭环供应链系统，结果表明：零售商主导模式的再制造模式是闭环供应链系统的最有效模式。我国学者熊中楷（2011）提出了第三方回收再制造的收益分享与费用分担契约协调机制。申成然（2011）则站在产业的角度研究指出，再制造商和原制造商集中决策时要比分散决策好，当集中决策时，产品的零售价格会降低而回收价格会提高，产品的销量和回收量也都会增加，而分散决策会造成供应链的效率损失。现在再制造产业发展缓慢的很大原因是原制造商未能充分参与到再制造产业的发展中来（Rashid，2013）。同时，政府在再制造商和原制造商利益协调过程中发挥着重要的作用，赵晓敏（2015）指出，政府从制造商处征收产品回收处置费并用于补贴再制造商的调控措施能够促进再制造产品销量的提升，从而改善再制造商的盈利状况，特别在消费者对再制造产品接受度较低的市场条件下，再制造产业的快速发展迫切需要得到政府的支持。

3. 关于再制造产品市场推广问题的研究

目前，生产再制造产品已不仅被视为节约资源和保护环境的重要手段，更被视为一种成功的废旧产品再利用的商业模式，例如，施乐

（Xerox）公司对废旧复印机的回收再利用、柯达（Kodak）公司对废旧相机的回收再利用，都取得了良好的经济效益（Toktay，2000）。再制造产品市场推广问题也已经引起了部分专家学者的关注。

（1）关于再制造产品的市场定位问题研究。再制造作为一种对传统生产和生活方式进行变革的新型循环经济形态，充分实现对废旧产品的循环再利用，集经济、技术及社会效益于一体，因而再制造产品也具有绿色环保属性，对节能节材、保护环境及可持续发展有重要意义（Du，2014）。因此，可以看出，再制造产品与新产品的市场定位是不同的。例如，再制造产品具有绿色环保属性。阿塔苏等（Atasu et al.，2008）指出，再制造品的"绿色形象"会吸引一部分重视环境保护的消费者购买其产品。阿比（Abbey，2015）通过研究消费者对再制造品闭环供应链的看法，得出对消费者进行绿色信息告知，消费者对再制造品的感知程度升高，再制造品更有吸引力。米肖（Michaud，2012）的研究得出，如果有生态标签属性，消费者购买的可能性会增加，并且愿意为环境属性支付溢价。关于新产品与再制造产品的可替代性问题，巴辛格（Bayingir，2007）在新产品和再造品的定价采取差异化策略、在新产品可以替代再造品的情况下，研究了二者相互协调问题。关于再制造产品的价格方面，雷（Ray，2005）认为，新产品和再制造产品的市场定位是不同的，在保证产品质量的前提下，再制造产品要以低于新产品的价格出售，并基于消费者已使用过的废旧产品的"剩余价值"建立废旧产品折扣价的最优化模型。盖耶等（Geyer et al.，2007）研究了应如何对产品进行设计，从而使产品零部件的耐用性和产品的生命周期与再制造产品的成本和效益尽量保持一致。

（2）关于再制造产品价格方面的研究。产品价格直接影响着再制造产品的市场需求量，很多学者从不同方面对此问题展开深入讨论。关于再制造产品价格与废旧产品回收方面的关系，瓦德等（Vadde et al.，2011）运用多目标决策模型研究了回收废旧产品时的价格决策问题。关于再制造产品价格高低的影响方面的研究，部分学者认为，再制造品的销售价格低于新品是消费者选择再制造品的重要原因（Guide，2010）；但也有学者提出了不同的观点，如夫钦尼科夫（Ovchinnikov，2011）在研究再制造笔记本电脑时，当产品的价格相对新品有一定的降低时，消费者会增强购买，但是当电脑的价格下降到一个临界点后，很多消费者会对产品产生不信任感，从而减少了购买。

（3）关于消费者对再制产品偏好的研究。再制造产品是为了满足市场需求，但再制造产品与新产品又存在一定的差异性，因此，消费者对其偏好性是影响再制造产业有序快速发展的重要方面，国内外学者对此问题也展开了深入的研究。德博等（Debo et al.，2005）建立了基于消费者偏好的对新制造产品和再制造产品分别定价并通过技术选择影响再制造水平的利润最大化模型。费雷罗（Ferrer，2006）假设消费者无法区分再制造产品和新产品，这样企业可以对这两种产品收取同样的价格，并从两阶段确定性模型扩展到多阶段和无限的水平。阿塔苏等（Atasu et al.，2008）假设市场需求中存在对再制造品的估价低于新产品的"绿色消费者"，他们视新产品和再制造产品为完全替代产品；但沃拉萨扬（Vorasayan，2006）在研究新产品和再制造产品之间的内部竞争问题时指出，虽然原产品和再制造产品是相似的，但仍然没有完全替代关系。我国很多学者在研究时指出，现阶段，我国消费者对再制造产品存在一定的认识误区，认为再制造产品是残次品、翻新品、存在缺陷的产品等，消费者对再制造产品的市场接受度不高，因此，对再制造企业而言，必须要采取必要的市场推广策略，逐渐转变消费者对再制造产品的认识，提高消费者对再制造产品的购买意愿（张铜柱，2010；刘光富，2014）。

（4）关于消费者购买再制造产品影响因素的研究。部分学者把消费者偏好划分成价格偏好与环境偏好，在此偏好的基础上，提出了再制造闭环供应链协调契约，协调了供应链成员利益分配问题（Chung，2011）。米特拉（Mitra，2007）采用市场收益管理对再制造产品的销售问题进行了研究，分析了不同质量水平的再制造产品采用不同价格进行销售的情形。贺文（2013）研究了再制造产品知识的交互作用对中国再制造产品购买意向的影响因素，研究结果显示：再制造品的质量、成本、环保知识通过感知价值正向影响购买意向，通过感知风险负向影响购买意向，成本知识削弱质量知识对感知价值的影响能力。孙晓莹（2012）研究产品知识对中国再制造产品购买意向的影响，研究结果显示：再制造品的成本知识、环保知识和质量知识显著影响消费者的感知价值，再制造品的质量知识显著影响消费者的感知风险，消费者对再制造品的购买意向与感知价值正相关、与感知风险负相关。张红丹（2011）研究了再制造产品消费者购买意向的影响因素，结果表明：消费者再制造产品购买态度、主观规范、知觉行为控制直接影响购买意向。

（5）关于再制造产品市场推广策略方面的研究。哈蒙德等（Hammond et al.，1998）认为，只有通过广告等宣传形式告知消费者有关再制造品的相关内容和信息，才能使消费者感知到再制造品的特性，提高了解和认知能力。松丁等（Sundin et al.，2005）指出，再制造品的节能环保属性会提升绿色消费者的购买意向，因此，要加大对再制造产品节能环保性地宣传力度。有学者研究指出通过新的商业模式促进再制造产品的市场推广，如罗伯特等（Robotis et al.，2012）研究了存在产品和服务约束条件下，制造商把产品租赁给消费者，同时拥有产品生命周期内产品所有权、承担维修服务情况下的最优租赁价格和租赁期限决策问题。布盖拉等（Bouguerra et al.，2012）研究了在不同维护策略情况下对产品提供延长质保期限的决策模型的问题，建立模型探讨如何确定最优延长期限和生产成本。乔凡尼（Giovanni，2014）则针对闭环供应链中的零售商通过营销工具增加销售以及通过运营工具增加回报率的双重目的，从而使得整个闭环供应链具有更好的商誉，由此设计了一个逆收益共享合同来实现供应链协调。为了最大限度地方便消费者，早在 2000 年，施乐公司在就在日本全国建立了 50 个废弃旧复印机回收点，到 2000 年该公司已将废旧复印机的零件循环利用率提高到 50% 以上，拥有旧零部件的复印机产量达到总产量的 25%（徐滨士，2009）。

2.1.4　文献评述

以上研究成果，为本书奠定了良好的基础，但由于研究视角、对象、范围与方法的差异，很多方面尚待进一步研究。

（1）权利用尽原则尚不明确如何适用于我国再制造产业的发展，关于再制造的侵权性判定等方面也存在一定的争议，即未获得授权的再制造行为的侵权纠纷问题。

（2）关于再制造产业知识产权运用机理问题的研究，已有的关于知识产权制度保护下的再制造产业发展问题的研究，基本上是从法学或知识产权制度保护下的微观主体之间利益关系的协调等角度研究再制造产业发展问题，缺少从中观产业角度研究如何促进再制造产业有序快速发展的研究，已有部分学者进行了探索，但还缺乏系统性，需要进一步深入研究。

（3）关于再制造知识产权法律问题的研究，已有的研究基本上是在假定知识产权保护制度完善下的再制造产业发展问题，如原制造商知识产权许可费用的收取模式等问题。但我国现实的情况是，我国再制造产业知识产权保护制度不完善，再制造商和原制造商之间的知识产权关系尚不清晰，原制造商坚持收取知识产权使用费，而再制造商坚持权利用尽原则，不愿意缴纳知识产权使用费。对于如何促进原制造商同意对再制造商进行知识产权许可、再制造商同意缴纳知识产权使用费等问题还需要进一步进行研究，已有的研究仅从经济方面提出了建议，但并未形成体系和系统。

（4）对再制造产业知识产权运用主体之间利益关系的研究，已有的研究主要集中在对再制造商和原制造商之间的利益关系研究上，但知识产权保护下的产品再制造涉及更多的企业管理、主体间关系协调等问题，如再制造企业知识产权工作的服务外包管理等，有待进一步研究。

（5）对再制造产品市场推广问题的研究，已有的研究更多的是从理论角度进行研究，虽然部分学者进行了实证研究，但都没有进一步对再制造产品消费者进行市场细分并提出相应的市场推广策略，而实际上，不同消费者对再制造产品的认识和关注点是不一样的，所需要采取的市场推广策略也是不同的。

（6）很多学者提出了再制造产业有序快速发展的建议和对策，但都不成系统，无法从根本上保障再制造产业有序快速发展的实现，有待进一步研究。

2.2　理　论　基　础

本节主要介绍循环经济理论、机制设计理论、知识产权理论、协同理论，为本书研究奠定理论基础。

2.2.1　循环经济理论

随着生产力迅速提高，人类以前所未有的速度从自然攫取资源，经济迅速发展，人们的生活水平也得到了极大的提高。但也为此付出了巨大的代价，资源枯竭、环境污染、生态破坏等日趋严重，人类必须重新审视之前的发展思想与观念，探索一条新的发展之路（莱切尔·卡逊，1998）。循环经济理论就是在这样的背景下被提出并得到广泛关注。循环经济是不同于工业化运行以来高消耗、高排放的线性经济的发展模式，它要求把经济活动组织视为"自然资源—产品和用品—再生资源"的反馈式流程（Ginsburg，2001），所有的原料和能源都能在这个不断进行的经济循环中得到最合理的利用，从而减轻经济活动对自然环境的影响（诸大建，2005）。

20世纪60年代，美国经济学家波尔丁受"宇宙飞船理论"的启发，在提出生态经济时提到了循环经济理论的思想，波尔丁认为，被发射的宇宙飞船是孤立无援的，要想持续下去，只能减少排放物并实现飞船内的资源循环，同理，地球也是一样，资源终究有一天会被消耗尽，要想持续发展，必须实现地球资源的循环再利用（Jarrett，1966）。1990年英国环境经济学家大卫·皮尔斯和图奈在其著作《自然资源和环境经济学》中首次使用了"循环经济"（circular economy）一词，并从资源管理的角度讨论了物质循环问题。20世纪末，循环经济理论引入我国，得到政府和学术界的广泛关注，并得以迅速发展（冯之浚，2004）。

循环经济本质上是一种生态经济，其与传统经济的不同之处在于：传统经济是一种由"资源—产品—污染排放"线性流程，而循环经济是"资源—产品—再生资源"的反馈式流程（任勇，2005）。随着可持续发展观念深入人心，循环经济也受到了越来越多的关注，并且得到了飞速的发展。在当今资源日益匮乏的年代，很多发达国家都把发展循环经济、建设循环型社会当作是实施可持续发展战略的重要途径，发展循环经济俨然已成为世界经济的发展潮流，也是我国落实可持续发展观、建设资源节约型社会的必要条件，得到了我国政府的大力支持，如颁布了《中华人民共和国循环经济促进法》，促进循环经济的发展，提高资源利用效率。

再制造主要是对废旧产品的回收和再利用，无论是原材料来源还是再制造过程，对能源和资源的需求、对废物废气的排放都是极少的，具有很高的绿色度，能够节约资源并最大限度地实现资源的循环利用，是循环经济的重要方式。前文已论述，与制造新品相比，再制造产品可节省成本50%、节能60%、节材70%，几乎不产生固体废物，不良影响显著降低，有力地推动可持续发展的实现。

2.2.2　机制设计理论

机制设计理论（mechanism design）是20世纪微观经济学发展最快的分支之一，最早是由被誉为"机制设计理论之父"的赫尔维茨在1960年提出的，他认为机制设计理论所讨论的问题是：在自由选择、自愿交换和决策分散化的条件下，对于任意一个社会想要达到的某种合意的既定目标，是否可以以及如何设计一种经济机制，使经济活动参与者的个人利益与这个合意的社会既定目标相一致。换言之，当参与人理性地最大化个人利益时，也同时实现了机制设计者希望实现的既定合意目标。并且在这个问题的基础上，进一步探讨满足怎样的约束条件才能保证这种机制存在并且发挥效用（朱慧，2007）。经济学家马斯金和迈尔森等又对机制设计理论有了进一步的发展，其中，马斯金提出了实施理论（implementation theory），将博弈论引入机制设计理论，不再是单纯地从管理者（central planner）的角度考虑问题；迈尔森对显示原理（revelation principle）进行了详细的研究，并将理论创新应用到拍卖等领域。2007 年，因赫尔维茨（Leonid Hurwicz）、马斯金（Eric S. Maskin）、迈尔森（Roger B. Myerson）等三位经济学家对机制设计理论所作出的巨大贡献，成为第 39 届诺贝尔经济学奖得主，机制设计理论成为学术界焦点。

机制设计理论的核心概念包括激励相容、显示原理和实施原理，相当多的专家学者集中到对这三个核心概念的研究上。赫尔维茨认为，在这样的条件下该机制是激励相容的：如果在既定的机制条件下，参与人通过公布自己的个人信息作为自己占有策略均衡的选择点（Hurwicz，1973）；也就是说在设定的机制条件下，在委托代理的关系下，委托人愿意公布自己的真实信息。而且，赫尔维茨提出了真实显示偏好不可能性定理及需要激励相容原则的必要性，关于激励相容理论在何种机制之下实现最优化的既定目标的问题，得益于显示原理的提出和推广。吉巴德（Gibbard，1973）最早提出了显示机制；之后，迈尔森（Myerson，1982）等将显示机制扩充到更一般的贝叶斯均衡上，用博弈论来解决复杂的机制设计问题，大大降低了机制设计问题的处理难度，将复杂的社会选择问题转化到便于处理的博弈论模型中，为寻找最优解提供了便利之处。激励相容得到的是一个均衡解——每个参与者都说真话，但这并不能保证是唯一解，如何利用机制保证多重解最优就是实施理论。

机制设计理论研究的核心是如何在信息分散和信息不对称的条件下设计激励相容的机制来实现资源的有效配置，是对亚当·斯密市场理论的进一步发展，使市场"看不见的手"越来越清晰。在"看不见的手"被提出之后，很多专家学者通过设定变量、构建模型等假定一个理想的条件，来研究资源的最优化配置。但是，在现实的市场经济条件下，根本不存在理想的市场经济条件，而且，政府、企业、公众、生态环境等也通过各自的力量影响资源配置效率，那应该如何实现资源的最优化配置问题？机制设计理论就是在解决这个问题的过程中诞生的，是克服市场失灵时的措施和手段，例如，莫里斯（Mirrlees，1976）等通过机制设计理论在税收政策、公司治理、网络经济学、审计学、计算机等的应用角度进行了验证。由此可见，机制设计理论就是研究在给定的环境条件下如何实现组织最优的机制，使参与者与组织的最优融为一体，共同实现最优化。我国很多专家学者利用机制设计理论来研究社会实践的发展问题，例如，李升（2011）从发达国家和发展中国家农村社会养老保险制度及基金运作的现状出发，总结了我国农村社会养老保险制度及基金运作机制，包括筹资机制、运营机制、给付机制和监管机制；宋扬（2010）从参与方及运作流程的角度，提出了第四方物流的关键运作机制，包括物流合作伙伴选择机制、物流任务分配机制和基于物流任务分配物流的动态协调机制。

刘华（2012）认为，我国技术转移政策的重点应该转向体系和机制的完善上，而张古鹏等（2012）在研究 1993 年和 2001 年专利制度变动中指出，专利权人对专利制度的信任程度有所增加，所以，自上而下地完善运用机制就成为再制造产业知识产权工作下一步的重点。而且，前文对机制设计理论的科学合理性和可行性进行了验证。因此，结合再制造产业的特性，系统性地设计我国再制造产业知识产权运用机制是可行的，也是产业持续健康发展所必需的。

2.2.3　知识产权理论

17 世纪中叶，法国卡普佐夫提出了知识产权一词，后被定义为"一切来自知识活动的权利"，在 1967 年签订《世界知识产权组织公约》之后，知识产权被国际社会所广泛使用和传播。很多专家学者、国际公约等都是通过列举的方式来界定知识产权的外延，如《保护文学和艺术作品伯尔尼公约》、《与贸易有关的知识产权协议》（TRIPS）、国际保护知识产权协会（AIPPI）等，比较公认的是《世界知识产权组织公约》，其中，第 2 条第 8 项规定，"知识产权"包括下列有关的产权：文学、艺术和科学著作或作品；表演艺术家的演出、唱片或录音片或广播；人类经过努力在各个领域的发明；科学发现；工业品外观设计；商标、服务标志和商号名称及标识；以及所有其他在工业、科学、文学或艺术领域中的智能活动产生的产权等（杨健，2013）。

知识产权（intellectual property right），是指权利人对其在科学、技术、文学、艺术等方面所创造的智力劳动成果享有的专有权利，是依照各国知识产权相关法律所赋予权利人对发明成果在一定时期内所享有的独占权利（吴汉东，2011），一般分为工业产权和著作权。知识产权是一种私权，不仅是一个法律概念，也具有经济属性，是智力成果的产物，本质上是一种无形产权，具有使用价值和价值，而且，很多知识产权无形财产的价值远远高于有形财产，因此，与其他有形财产一样，知识产权也应受到法律的保护。

知识产权在激励创新、引导产业健康发展和维护市场竞争秩序方面起到了重要作用。首先，知识产权制度能够保护技术创新成果权利在一定时间内不受侵犯，维护创新主体的合法权益，调动了人们从事科学技术研究和文学艺术作品创作的积极性和创造性，激励和促进研发创新者不断进行创新。其次，通过知识产权制度的引导，可以促进我国产业结构的调整和优化升级。莫泽（Moser，2013）在研究中支持，知识产权对一个国家或地区的产业选择与发展有重要的影响，通过知识产权可以引导部分产业的快速发展。最后，通过知识产权制度可以保证良好的市场经济秩序，维护产业竞争公平秩序，也是企业提高市场竞争力的重要手段。总之，知识产权在促进新兴技术的产生与传播，推动社会文明与进步，促进经济、社会、科技发展及在各国间的互动交流方面发挥了重要的作用。

1. 知识产权战略

随着经济社会的快速发展，我国技术创新能力显著提高，科技创新成果日趋增多，知识产权制度在经济社会发展中的地位越来越重要。在不断完善知识产权法律法规制度的基础上，我国提出要实施"知识产权战略"。2007 年，中共十七大报告中明确提出要"实施知识产权战略"。2008 年，国务院印发《国家知识产权战略纲要》，提出要提升我国知识产权创造、运用、保护和管理能力，促进自主创新成果的知识产权化、商品化、产业化，推动企业知识产权的应用和产业化，将提高知识产权运用能力提升到国家战略的高度。

知识产权运用战略的实施，对于促进一个国家或地区的经济、社会、科技、文化的繁荣与发展起到重要的作用，也是提高国际市场竞争力的重要手段，得到了政府部门的高度关注，颁布了一系列的政策。2011 年，国务院印发《工业转型升级规划（2011～2015 年）》，指出要提升工业领域知识产权创造、运用、保护和管理能力；2013 年，《中共中央关于全面深化改革若干重大问题的决定》也提出了要加强知识产权运用和保护，这是党的重要文件首次将知识产权运用与保护并用，突出强调了知识产权运用；2014 年，国家知识产权局等联合发布的《关于深入实施国家知识产权战略　加强和改进知识产权管理的若干意见》，提出要提高知识产权的运用能力；2015 年 12 月公布的《中华人民共和国专利法修订草案（送审稿)》中，新增第八章"专利的实施和运用"，规定"各级专利行政部门应当促进专利实施和运用，鼓励和规范专利信息市场化服务和专利运营活动"，同时，新增加的第八十一条到第八十六条对专利实施和运用中的问题制定了相关规定。

本书即在知识产权战略的指导下，根据再制造产业的特性，介绍再制造产业知识产权运用战略，推动再制造产业的有序快速发展。

2. 权利用尽原则

《中华人民共和国专利法》不仅要保护权利人的利益，也要保护社会公共利益，还要协调好专利权人与其他社会公众的利益，通过对权利人利益的一些限制来实现各方利益平衡，最终实现促进科学技术进步和经济社会发展的目标（吴汉东，2011）。权利用尽原则是对权利人进行限制的制度之一，并以此来实现权利人与社会公共利益和其他社会公众利益的平衡。

权利用尽原则有两种起源说，一种说法是起源于德国，另一种说法是起源于美国。德国起源说认为，权利用尽原则的思想最早由德国法学家柯勒（Jose Kohler）提出，后来被德国法院所采纳；美国起源说认为，权利用尽原则起源于美国的司法判例，即 1873 年美国"Adams 诉 Burk"一案，无论是何种起源说，权利用尽原则确实得到了其他国家的普遍接受和认可（庄李洁，2011），但在具体应用过程中，由于各国对其理解和认识的不同而各不相同，存在不同的学说，主要有英国的默认许可理论和德国的专利权用尽理论。英国的默认许可理论，也被称为隐含许可，即有别于以书面合同等方式确立的明示许可，它是指在一定情形之下，专利权人以其非明确许可的默认行为，让被控侵权人（专利使用人）产生了允许使用其专利的合理信赖，从而成立的专利许可形态；德国的专利权用尽理论，也被称为法定说理论、内在限定理论等，是对专利权的一种本质性的限定，不论是否存在额外的限制性条件，都不能排除该原则的适用（袁真富，2011）。我国一开始便采用的是德国的权利用尽原则。

权利用尽原则是知识产权法上的一个特殊原则，是指知识产权所有人一旦将知识产权产品合法的置于流通领域以后，该知识产权人所拥有的一些或者全部的排他权也就用尽，又被称为权利穷竭原则或权利耗尽原则。

《中华人民共和国专利法》第69条第（一）项规定明确了权利用尽原则，即"专利产品或者依照专利方法直接获得的产品，由专利权人或者经其许可的单位、个人售出后，使用、许诺销售、销售、进口该产品的，不视为侵犯专利权"。我们要从两个角度理解权利用尽原则，一方面，消费者经合法途径购买的依照我国知识产权相关法律法规生产的专利产品，便拥有了使用、销售等该专利产品的权利，产品的原有知识产权权利人无权控制；另一方面，权利用尽原则也仅仅是该专利产品的使用、销售等权利不受控制，要在我国《中华人民共和国专利法》规定的权限之内，并不是所有的权利的用尽或穷竭。

再制造产业是将废旧产品进行回收和利用技术手段进行修复和改造的一种产业，在这个过程中难免会涉及原产品中含有的专利、商标、产品包装装潢等方面的知识产权，而废旧产品进行修复和改造过程中是否构成对原产品知识产权的侵权、如何区分是再制造行为还是维修行为等都未明确。目前知识产权的权利用尽原则用于再制造产业的研究还很少，如何界定其中的知识产权问题，在学术上还存在很多争议和空白，而工业产权（专利和商标等）对于再制造产业的发展及其重要。

2.2.4　协同理论

协同理论又称为协同学，它是研究协同系统从无序到有序的演化规律的新兴综合性学科。协同系统是指由许多子系统组成的、能以自组织方式形成宏观的空间、时间或功能有序结构的开放系统。受到激光现象的启发，德国理论物理学家哈肯在1971年首次提出"协同的概念"，后续又发表了《协同学导论》《高等协同学》，标志着协同学作为一门新兴学科的诞生。

协同理论主要研究远离平衡态的开放系统在与外界有物质或能量交换的情况下，如何通过自己内部协同作用，自发地形成在时间、空间和功能上的有序结构（吴杨，2012）。协同论以现代科学的最新成果——系统论、信息论、控制论、突变论等为基础，吸取了耗散结构理论的大量营养，采用统计学和动力学相结合的方法，通过对不同领域的分析，提出了多维相空间理论，建立了一整套的数学模型和处理方案，在微观到宏观的过渡上，描述了各种系统和现象中从无序到有序转变的共同规律（白列湖，2007）。应用协同论方法，可以把已经取得的研究成果，类比拓宽于其他学科，为探索未知领域提供有效的手段，还可以用于找出影响系统变化的控制因素，发挥系统内子系统间的协同作用。

协同是指各个子系统协同工作，协同效应则是指复杂系统内各子系统的协同行为产生出的超越自身单独作用而形成的整个系统的聚合作用，是系统整体性、相关性的内在表现，即系统并不是子系统的结构、特性等的简单或机械综合，而是子系统之间相互作用所形成的有机整体，这个整体效应会具有某种子系统所不具备的全新性质（周志太，2013）。协同作用是系统有序结构形成的内驱力，对千差万别的自然系统或社会系统而言，均存在着协同作用。任何复杂系统，当在外来能量的作用下或物质的聚集态达到某种临界值时，子系统之间就会产生协同作用。这种协同作用能使系统在临界点发生质变，产生协同效应，使系统从无序变为有序，从混沌中产生某种稳定结构（白列湖，2005），许多创新没有实现其预期的最佳效益的重要原因正是没有采用系统的方法，忽略了系统中各要素之间的相互关系。再制造产业是一个复杂系统，涉及的关联主体多，包括原制造商、再制造商、消费者等，各主体之间存在利益冲突，需要协调各相关主体力量，形成协同效应，共同推进再制造产业有序快速发展。

第 3 章

再制造产业知识产权运用机理

机理是指为实现某一特定功能，一定的系统结构中各要素的内在工作方式以及诸要素在一定环境下相互联系、相互作用的运行规则和原理。再制造产业知识产权运用必然有其要实现的目标、组成要素、各要素的工作方式及要遵守的运行规则。本章即介绍再制造产业知识产权运用机理，解决再制造产业知识产权运用机制的理论问题。首先，介绍再制造产业知识产权运用的必要性与系统演化的条件机理，分析研究的必要性与可行性；其次，介绍再制造产业知识产权运用的运行机理与作用机理，分析再制造产业知识产权运用系统的组成要素、各要素内在工作方式及诸要素相互联系、相互作用的运行规则；最后，根据以上分析，形成再制造产业知识产权运用体系框架，包括：再制造商和原制造商知识产权共享路径、再制造商和知识产权服务商合作模式和再制造产业知识产权运用的市场推广策略。

3.1 再制造产业知识产权运用现状分析

要想了解我国再制造产业知识产权运用的现状，有必要了解我国再制造产业的发展状况。因此，本节首先总结分析了我国再制造产业的发展状况，然后再重点分析我国再制造产业知识产权运用过程中存在的主要问题。

3.1.1 再制造产业发展状况

美国早在 20 世纪 30 年代就有了再制造的雏形，在 80 年代正式提出了再制造的概念。我国再制造产业起步较晚，1999 年才正式提出再制造的概念，从概念提出到现在 20 年的发展历史中，再制造产业主要经历了三个发展阶段，如图 3.1 所示。当前，我国再制造产业处于发展的初级阶段，政府在其发展中起着主导作用。

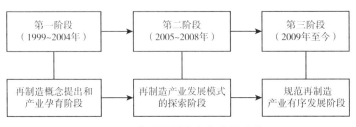

图 3.1　我国再制造产业发展阶段

1. 第一阶段（1999 ~ 2004 年）：再制造概念提出和产业孕育阶段

在这个阶段，再制造的概念在我国提出和逐渐普及，相关机构对再制造展开科学系统的研究和论证，为再制造在我国的推广奠定基础。

1999 年 6 月，徐滨士院士在西安召开的"先进制造技术国际会议"上做了《表面工程与再制造技术》的报告，在中国率先提出"再制造"的概念。而且，再制造的基础研究得到了国家的重视和认可，如 2000 年，国家自然科学基金委机械学科将"再制造工程技术及理论研究"列为"十五"优先发展领域；2001 年 4 月，人民解放军总装备部批准建设我国首家再制造领域的国家级重点实验室——装备再制造技术国防科技重点实验室，主要从事装备再制造技术领域的应用基础研究；同时，一些高校、科研院所也逐渐加入对再制造的科学研究当中，集中对再制造进行科学论证和基础性研究，为再制造在我国的推广奠定基础。

2. 第二阶段（2005 ~ 2008 年）：再制造产业发展模式的探索阶段

在这个阶段，再制造的意义和重要性逐渐得到认可，政府相关部门都高度关注和支持再制造的发展，在继续推进科学研究的基础上，制定了一系列支持和推动再制造产业发展的政策，并开始探索适合我国国情的再制造产业发展模式。

首先，继续加强对再制造的科学研究，如 2005 年，国家自然科学基金委机械学科又将"资源循环型制造与再制造"列为"十一五"优先发展领域。其次，在政府颁布的相关法规政策中，多次提到支持和推动再制造的发展，如 2005 年，《国务院关于做好建设节约型社会近期重点工作的通知》和《国务院关于加快发展循环经济的若干意见》中提出，国家将"支持废旧机电产品再制造"，加快绿色再制造技术开发。最后，通过再制造试点，探索适合我国国情的再制造产业发展模式，2005 年，国家发改委等发布《关于组织开展循环经济试点（第一批）工作的通知》，将再制造作为国家第一批循环经济试点中的 4 个重点领域之一，确定济南复强动力有限公司和北京金运通大型轮胎翻修厂为再制造试点单位；2008 年，国家发改委发布《国家发展改革委办公厅关于组织开展汽车零部件再制造试点工作的通知》，确定了中国第一汽车集团公司、济南复强动力有限公司等 14 家企业为第一批汽车零部件再制造试点企业。通过再制造试点工作，我国再制造产业化工作正式启动。

3. 第三阶段（2009 年至今）：规范再制造产业有序发展阶段

在这个阶段，通过前期的再制造试点工作，掌握了一些发展再制造产业的经验与教训，总结了一些再制造产业发展中存在的问题并制定了应对策略，为了推动再制造产业的有序快速发展，政府相关部门继续推进再制造试点推广工作，并颁布一系列法规政策来规范和促进再制造产业的发展。

首先，继续推进再制造试点推广工作。2011 年 9 月，发改委发布《关于深化再制造试点工作的通知》，提出要适当扩大再制造试点内容和范围，加大支持力度，并于 2013 年 2 月，确定北京奥宇可鑫表面工程技术有限公司等 28 家单位为第二批再制造试点单位；工信部也分别于 2009 年 12 月和 2006 年 2 月，确定了两批机电产品再制造试点单位。其次，颁布一系列政策法规来规范和促进再制造产业的发展。2009 年，《中华人民共和国循环经济促进法》将再制造纳入法律范畴进行了规范，并相继出台《关于启动并加强汽车零部件再制造产品标识管理与保护的通知》《关于推进再制造产业发展的意见》《再制造产品认定管理暂行办法》《再制造产品认定实施指南》等一系列法律法规，规范再制造产品生产，推动再制造产业健康有序发展。最后，继续出台一系列支持政策，推动再制造产业快速发展。如《循环经济发展专项资金管理暂行办法》中提出，要重点支持再制造技术进步、旧件回收体系建设，再制造产品推广及产业化发展等；《再制造产品"以旧换再"试点实施方案》中提出，对于消费者购买通过验收的再制造产品并返回旧机给予一定的补贴，支持和推动再制造产业实现快速发展。

同其他产业一样，我国再制造产业也正处于从无到有、从无序到有序、从低级到高级的发展过程之中。从产业生命周期理论的角度，产业发展都要经历初创期、成长期、成熟期和衰退期四个阶段，我国再制造产业正处于从初创期到成长期过渡的阶段，产业发展的条件已基本成熟，但对于如何促进再制造产业有序健康发展还有待于进一步研究。

3.1.2 再制造产业知识产权运用存在的主要问题

我国再制造产业处于发展的初级阶段，从理论到实践也仅不到 20 年的时间，知识产权运用水平较低，存在一系列问题，再制造产业呈现出发展速度慢、发展秩序混乱现象，具体表现在：再制造产业体系不完整，产业发展基础薄弱；再制造产业知识产权运用的法律法规不完善，导致产业发展秩序混乱；知识产权运用管理制度不规范，政策支持乏力；工业企业知识产权经营管理水平低，知识产权服务业发展落后；知识产权运用市场购买力不足，公众参与意识不高。

1. 再制造产业体系不完整，产业发展基础薄弱

我国再制造产业的市场准入制度及技术标准、废旧产品回收网络等还不完善，产业体系不完整，再制造技术水平低，产业发展基础薄弱，制约着再制造产业知识产权运用的实现。

（1）市场准入制度不健全。我国正在推行再制造试点工作，市场准入制度尚未建立，市场上获得政府试点资格的再制造企业数量不多，还有大量未获得试点资格的再制造企业，但由于没有完善的市场准入制度，这些企业鱼龙混杂，缺乏统一的管理，甚至有些企业将翻新品冒充再制造产品推向市场，损害了消费者利益，扰乱了市场经济秩序，不利于产业的健康有序发展，在对再制造试点单位进行调研时，被访谈人也指出，如果不尽快完善市场准入制度，很多已有的大修厂，很可能摇身一变成为再制造企业，扰乱再制造产业发展秩序。同时，市场上准备进入再制造产业的企业也不知道如何进入，需要向哪个部门申请，需要提交什么材料，企业需要具备什么条件和资质等都未明确。《再制造单位质量技术控制规范（试行）》中制定了从事再制造的基本条件，但笼统且不系统；而且，文件是由少数部委联合制定，法律效力等级不高，缺乏权威性，没有指明主管单位及各部门的职责，在制度的统一协调和具体落实上存在不足。

（2）再制造技术标准和评价机制不健全。我国再制造产业处于快速发展的阶段，产业的工艺技术、设备水平参差不齐，每个企业都会根据自己的实际情况提出不同的产业标准与规范，政府尚未制定再制造产业整体标准框架体系，也缺乏对标准体系运行效果的认证机制、评价机制和监督机制。截止到2018年10月20日，我国政府出台的已经实施和即将实施的主要的再制造标准如本书附录C所示。可以发现，我国再制造技术标准缺乏系统性，再制造的一般性标准比较分散、不成体系，具体产品标准只有汽车零部件和内燃机的相关标准较为完善，而其他产品再制造标准严重缺乏，甚至尚未涉及；而且，很多再制造标准都是由单一部委和地方政府制定的，法律效力等级不高，缺乏权威性，在标准的统一协调和具体落实上存在不足，对企业的指导和扶持力度不够，使再制造产品质量缺乏科学保障。

（3）废旧产品回收体系不健全。我国废旧产品回收体系不健全，仍以社会化个体回收为主，政府存在多头管理、管理职责不明确现象，有些政策在制约废旧产品的回收利用，导致正规回收处理企业回收量不足，影响再制造产业知识产权运用的顺利实施，例如，2014年全国废弃电器电子产品回收量有13583万台，而正规拆解处理企业只拆解了约7000万台，即回收来的废弃电器电子产品有将近一半落入到非正规回收企业手中，由于处理方式落后，这部分废旧产品并没有真正实现对废旧产品中含有的知识产权的有效运用，甚至部分不法商贩会将废旧产品维修翻新后销售给落后地区的消费者，严重扰乱市场经济秩序。

（4）再制造技术水平低，产业发展落后。是否拥有先进的再制造技术，决定着能否实现对废旧产品的再制造，即决定了再制造产业知识产权运用能否顺利实现。我国再制造产业刚刚起步，缺乏具有自主知识产权的再制造核心技术，技术与成套设备研发水平与国外先进水平还有很大差距。例如，2005年我国再制造产业专利数量仅为21个，2010年增加到123个，到2012年增加到179个（徐滨士，2015）。这些专利数量还远远不能支撑我国再制造产业的发展，落后的技术水平，导致我国再制造水平落后。例如，我国再制造试点企业的再制造率不高，最高的仅相当于国际领先水平的72%，部分试点单位的再制造率低至39%（洪云，2013）；而在德国，对回收的再制造发动机，有94%被高技术修复，5.5%回炉再生，只有0.5%被填埋处理。

2. 知识产权运用的法律法规不完善，导致再制造产业发展秩序混乱

产业的健康有序发展离不开法律法规的规范，而资源再利用过程中的知识产权问题在我国知识产权相关法律法规中没有进行明确界定，使再制造产业的发展呈现出无序化现象，发展秩序较为混乱。

（1）权利用尽原则无法适用于产业发展，原制造商和再制造商矛盾重重。再制造产业是在原产业的基础上，将废旧产品进行回收和利用技术手段进行修复和改造的一种产业，在这个过程中难免会涉及原产品中含有的专利、商标、包装装潢等方面的知识产权，而目前法律法规还未对权利用尽原则如何适用于再制造产业发展进行明确规定，即未明确再制造行为是否构成对原制造商知识产权的侵权。现在一些规定、行业规章制度等文件中对再制造知识产权问题有所涉及，但缺乏权威性；而且，不同的规章制度规定也不尽相同，使企业更无所适从。例如，国家发改委在组织汽车零部件再制造试点工作中要求，"零部件再制造企业不得回收或再制造未获得授权的其他企业产品"，《再制造单位质量技术控制规范（试行）》也要求"从事发动机、变速器再制造的单位需获得原产品生产企业的授权"；而工信部在组织机电产品再制造试点工作中并未对此进行明确要求。由于没有统一的规定，原制造商认为再制造侵犯自己的知识产权权利，而再制造商则认为其行为并不侵权，双方权利与义务关系不明确，发展秩序混乱，阻碍再制造产业的规范有序发展。

（2）法律法规还未明确规定如何区分维修与再制造行为。1.3.1节已经介绍，很多学者认为应该区分维修与再制造行为，因为，维修行为不构成侵权，而未获得许可的再制造行为属于侵权行为。我国处于再制造产业发展的初级阶段，还未出现相关的案例，但随着我国再制造产业的发展，相关案件很快就会显现，我国法律法规尚未对此问题进行明确规定，会导致我国司法部门无法对此类案件进行裁决。因为我国是成文法国家，法院审判必须要在法律法规的指导下进行，否则，法院的审判就没有明确的参考标准，不符合我国法律审判工作的要求，不利于审判工作的具体开展。

3. 知识产权运用管理制度不规范，政策支持乏力

我国再制造产业处于发展的初级阶段，政府在发展过程中起着主导作用，但由于管理经验不足，存在管理制度不规范、政策支持力度不够等方面的问题，阻碍再制造产业知识产权运用的实现。

（1）存在多头管理现象。我国再制造产业受国家发改委、工信部、商务部、供销社等多部门管理，知识产权受国家知识产权局等管理，但再制造还没有明确牵头管理部门，政出多门，会存在各自为政、职责不明确、管理不到位等现象，例如，工信部在组织机电产品再制造试点工作、发改委在组织汽车零部件再制造试点工作，但都缺少知识产权局的深度参与，也不利于再制造产业整体经验与教训的总结与推广。同时，分散的管理模式，没有统一的发展规划指导，不同部门制定的政策缺乏衔接性，也缺乏权威性，导致发展秩序较为混乱。例如，工信部发布的《再制造产品认定管理暂行办法》规定，工信部负责再制造产品认定工作的管理和监督，但国家发改委推行的汽车零部件再制造试点工作应该如何推进却没有涉及。在调研时，被访谈的企业负责人也指出，政府存在多头管理，政策趋势不明朗，导致很多企业对再制造持有观望的态度，不利于再制造产业的有序快速发展。

（2）政策支持乏力，有待进一步完善。再制造产业有序快速发展离不开政府的支持政策，但现阶段，我国政府对再制造产业发展的支持政策不足，部分已有政策也在束缚再制造产业的发展。已经制定的支持政策没有制定实施细则，支持力度不够，如 2013 年颁布的《循环经济发展战略及近期行动计划》提出，建立废旧产品逆向回收体系，抓好重点产品再制造，也提出了经济政策、健全法规和标准等保障体系，但没有制定具体的实施细则，导致政策执行的效率大打折扣。已有的部分政策在束缚再制造产业的发展，如税收政策，再制造是对废旧产品的回收和再利用，个人废旧产品的发票大都已经丢失，而在再制造产品销售时还需缴纳 17% 的增值税，废旧产品购置费用无法抵扣。而且，再制造产业的发展还存在报废汽车的"五大总成"管理政策不合理等问题，需要根据产业发展需求而不断进行调整。

4. 工业企业知识产权经营管理水平低，知识产权服务业发展落后

企业是知识产权运用的主体，但我国很多企业对知识产权的认识不足，并没有将知识产权视为企业在激烈的竞争市场上谋求生存发展和获利的重要资源，对知识产权经营管理水平较低。同时，知识产权服务业作为企业知识产权管理的有效补充，发展较为落后，服务水平有待于进一步提高。

（1）工业企业知识产权经营管理水平低。正所谓"一流企业卖标准，二流企业卖技术，三流企业卖产品"，我国大部分工业企业仍以制造业为主，即卖产品，因而，企业在实施知识产权战略时考虑的主要目的是生产产品，而不是通过收取知识产权许可费来获利，即使有收取专利费的情况，也是为了能够独自占有既有技术，预防其他厂商能够低成本的参与竞争，并没有将知识产权视为企业在激烈的竞争市场上谋求生存发展和获利的重要资源，加之我国知识产权运行的市场秩序不规范，知识产权评估体系不完善，导致企业都没有形成体系化的知识产权经营战略，对知识产权经营和管理水平都较低。企业知识产权经营管理水平较低表现在再制造产业知识产权运用上，有些原制造商仅仅关注到原产品市场份额可能被再制造产品所侵占，而没有认识到知识产权许可所为其带来的收益，因而，对再制造持有消极的态度，不愿意对再制造商进行知识产权许可，使再制造产业无法实现规范有序发展。因此，原制造商对废旧产品中含有的知识产权授权管理意识、能力和水平还有待于提高，对企业知识产权资产的增值管理水平还较低。

（2）知识产权服务业发展落后。知识产权服务业是企业知识产权管理的有效补充，企业可以将非核心的知识产权业务外包给知识产权服务商，如专利信息检索、知识产权许可等，从而有更多的时间和精力投入到企业核心业务当中。我国现阶段的经济结构调整和转型升级过程中遇到很多知识产权问题需要知识产权服务企业提供专业的服务，对于提高经济发展质量和效益具有重要作用。但我国知识产权服务业还是处于发展的初级阶段，政府相关政策不完善，发展规模小、市场秩序不规范，知识产权服务水平较低，知识产权代理服务发展较快但咨询服务发展较慢，满足和开拓市场需求的能力不高，在行业规模、服务能力和管理水平等方面还存在不足，不能满足企业发展的需求。随着我国产业的发展和市场经济秩序逐步完善，再制造产业对知识产权服务的需求也会越来越强烈，例如，原制造商将废旧产品中含有的知识产权对不同再制造商进行许可的管理服务、再制造商获取不同原制造商知识产权许可的谈判服务等。而我国知识产权服务业还没有与再制造产业等细分产业进行紧密结合，对具体专业、技术和市场不熟悉，因而也无法有效的帮助再制造企业提高知识产权创造、运用、保护和管理能力。

5. 知识产权运用市场购买力不足，公众参与意识不强

再制造产业知识产权运用的最终目的是向消费者提供满足其需求的再制造产品，不被消费者接受的产品最终也会走向消亡，而据研究，公众的高度参与性是国外再制造产业快速发展的重要原因之一。再制造产品是在原生产品被消费后的废旧产品基础上生产的，很多消费者无论是对再制造产品的生产模式，还是对再制造产品质量都不认可，存在一定的认识误区，认为再制造产品是翻新品、劣质品、残次品、存在质量缺陷的产品等，从而不愿购买再制造产品，导致再制造企业在市场上由于无利可图而难以生存，也就无法实现对废旧产品的再制造。因此，公众的参与意识不高严重阻碍我国再制造产业知识产权运用的顺利实现。

同时，再制造产业知识产权运用过程中还存在很多其他问题，例如，企业缺乏社会责任意识，往往以经济利益为重，生产者责任延伸制度尚未真正贯彻落实，推行再制造设计不力；市场经济秩序不规范，社会信用体系不健全；社会主体的知识产权意识不强，原制造商对废旧产品中含有的知识产权的保护、管理水平不高，再制造商遵守知识产权制度的意识不强等，这些都阻碍再制造产业知识产权运用的顺利实现。

综上所述，再制造产业知识产权运用过程还存在一系列的问题，这对处于发展初级阶段的再制造产业而言在所难免，但为了实现再制造产业的有序快速发展，必须要针对存在的问题进行研究并提出具体应对策略。

3.2　研究再制造产业知识产权运用的必要性

研究我国再制造产业知识产权运用问题，是落实国家知识产权战略的必然要求，也是再制造产业特性和本质的必然要求，更是解决我国再制造产业知识产权运用过程中存在的问题和应对国际市场竞争的必然要求。

3.2.1　再制造产业特性和本质的必然要求

首先，研究再制造产业知识产权运用问题是再制造产业特性的必然要求。再制造产业具有良好的生态环保效应，对节约资源能源和减轻环境污染具有重要的作用，因此，再制造产业具有公益性、准公共物品属性、很强的产业关联性和双重外部性等特点，是一种典型的制度经济，其发展需要政府的主导作用，而政府也负有对经济进行宏观调控的职能；而且，再制造产业是对废旧产品进行回收和再利用的产业，涉及的利益相关者多，主体之间的知识产权利益关系也较为复杂，发展秩序较为混乱，需要知识产权制度的协调，特别是原制造商和再制造商之间的利益关系。同时，知识产权在国家经济社会中的地位越来越重要，已成为社会政策的重要工具，政府也有义务根据经济社会发展的需求制定相应的知识产权创造、运用、保护和管理等方面的政策，推动经济有序快速发展（郭强，2012），所以，政府在对再制造产业进行宏观调控的过程中也要考虑知识产权因素。

其次，研究再制造产业知识产权运用问题是再制造产业本质的必然要求。再制造产业本质上是废旧产品再利用技术创新成果的市场化，属于技术密集型产业，需要源源不断的再制造产品或工艺设计创新，而知识产权政策是保护创新主体利益、提高创新积极性的重要手段（刘志强，2006）。所以，再制造产业依赖于知识产权制度的支撑，是建立在知识产权制度基础上的产业。杨等（Yang et al.，2001）的实证研究表明，知识产权对不同产业的影响是不同的，在电子装备、机械制造等高科技产业和技术密集型产业中的影响更为显著（Lee，1996；Borg，2001）。而再制造产业主要集中在电子电器、机械装备、汽车等行业，因而受到知识产权的影响也更显著，克里斯特菲克等（Krystofik et al.，2015）则明确指出，知识产权是政府调控再制造产业发展的重要政策杠杆。因此，明确技术创新的权属问题、激励创新、保护创新成果和提高创新成果管理水平的知识产权制度就是再制造产业培育的核心战略，是再制造产业发展的重要保障（魏国平，2013）。再制造产业的本质和特点决定了再制造产业的发展离不开知识产权制度的支撑，而运用是其核心和关键。

3.2.2　再制造产业有序快速发展的现实需求

我国再制造产业处于发展的初级阶段，从理论到实践也仅不到 20 年的时间，知识产权运用水平较低，存在一系列问题，导致再制造产业呈现出发展速度慢、发展秩序混乱现象。知识产权运用存在的问题主要表现在以下几方面。

（1）知识产权运用的法律法规不完善，导致再制造产业发展秩序混乱。权利用尽原则无法适用于产业发展，原制造商和再制造商矛盾重重，我国还未对权利用尽原则如何适用于再制造产业发展进行明确规定，不同的规章制度规定也不尽相同。法律法规还未明确规定如何区分维修与再制造行为，会导致我国司法部门无法对此类案件进行裁决，因为我国是成文法国家，法院审判必须要在法律法规的指导下进行，否则，就没有明确的参考标准，不符合我国法律审判工作的要求，不利于审判工作的具体开展。

（2）知识产权运用管理制度不规范，政策支持乏力。我国再制造产业处于发展的初级阶段，由于政府管理经验不足，存在管理制度不规范、政策支持力度不够等方面的问题。多头管理会存在各自为政、职责不明确、管理不到位等现象，例如，工信部在组织机电产品再制造试点工作、国家发改委在组织汽车零部件再制造试点工作，但都没有知识产权局的参与，这不利于再制造产业整体经验与教训的总结与推广。政策支持乏力，有待进一步调整和完善，已有部分政策在束缚再制造产业的发展，如税收政策，废旧产品的发票很多已经丢失，而在再制造产品销售时还需缴纳17%的增值税，废旧产品购置费用无法抵扣（许阳，2015）。

（3）再制造产业知识产权运用的保障体系不完善。市场准入制度不健全，《再制造单位质量技术控制规范（试行）》中制定了企业从事再制造的基本条件，但笼统且不系统，而且，文件是由少数部委联合制定，法律效力等级不高，在制度的统一协调和具体落实上存在不足。再制造技术标准不健全，截止到 2018 年 10 月 20 日，我国出台的已经实施和即将实施的主要的再制造标准如本书附录 C 所示。可以发现，我国再制造技术标准缺乏系统性，再制造的一般性标准比较分散、不成体系，只有汽车零部件和内燃机的相关标准较为完善，而其他产品再制造标准严重缺乏。

3.2.3　应对国际市场竞争的必然要求

研究再制造产业知识产权运用，完善再制造知识产权相关法律法规制度，理顺原制造商和再制造商的知识产权关系，加快对再制造产品的市场推广，不但是国内市场经济有序发展的问题，也是我国应对国际市场竞争的必然要求。一方面，美国、德国等很多发达国家纷纷进军中国市场，给我国处于发展初级阶段的再制造产业带来很大的竞争压力，发达国家或在我国直接开设再制造工厂，或加大本国再制造产品的出口，积极抢占我国市场，例如，大众汽车集团和中国一汽集团合资建立的、大众一汽发动机（大连）有限公司动力总成再制造项目于 2011 年 8 月开始投产，总投资近30 亿元人民币，是大众在德国之外设置的第一个再制造项目，也是进入中国的第一个再制造合资公司，项目初期年产能 5000 台（爱卡汽车，2016）；2012 年，美国卡特彼勒公司与广西玉柴机器股份有限公司（玉柴）合资成立的再制造企业正式开业；据统计，美国再制造产品出口额从2009 年的 75 亿美元增长到 2011 年的 117 亿美元（United States International Trade Co. Remanufactured Goods，2012）。日本再制造的工程机械中，58% 由日本国内用户使用，34% 出口到国外，其余的 8% 拆解后作为配件出售（王咏倩，2014）。另一方面，再制造知识产权侵权纠纷关系到我国对外贸易发展的问题，在 1.1.1 节介绍的日本打印机墨盒案中，我国 RA 公司最后被判侵权，引起了我国的高度关注，它不仅关系到双方当事人的利益，也会关系到我国很多修理企业的生存问题，还会关系到我国企业的国际贸易能否健康有序发展的问题，更体现了研究再制造产业知识产权运用的必要性。

3.2.4　落实国家知识产权战略的必然要求

2008 年，《国家知识产权战略纲要》的颁布标志着我国运用知识产权促进经济发展的工作已上升到国家战略的高度，提出要不断提高知识产权创造、运用、保护和管理能力。其中，知识产权运用是核心和关键，时任国家知识产权局副局长张勤（2008）也指出，"不仅仅要拥有专利技术，还要把它变成现实生产力"。因此，必须要不断提高知识产权运用能力，依托知识产权运用来提升知识产权的创造、保护和管理能力，完善国家知识产权战略。同时，2010 年，国务院颁布《国务院关于加快培育和发展战略性新兴产业的决定》，其中，再制造产业属于节能环保产业，是我国战略性新兴产业的重要组成部分，而知识产权对新兴产业的发展具有至关重要的作用，为此，2012 年国务院办公厅发布了《关于加强战略性新兴产业知识产权工作若干意见的通知》，但缺乏具体的实施细则，也没有形成对再制造产业等具体产业的指导意见。扎拉（Zahra，2002）指出，在知识经济时代，知识产权实施和产业化不仅是企业增强竞争力和获取经济效益的重要战略，而且是建立创新型国家战略的重要组成部分。

3.2.5　推动可持续发展的必然要求

随着工业化的高度发展，我国面临着资源能源短缺、环境污染和生态破坏的三大压力。随着我国经济社会的发展，资源能源短缺的问题也日益严重，而环境污染和生态破坏却日益严重，制约着我国经济社会可持续发展的实现。再制造是对废旧产品的回收和再利用，可以有效缓解可持续发展所面临的难题。吉蒂尼（Gaudette，2003）等学者在研究中指出，再制造能够节约资源、降低能耗、减少污染物排放，具有巨大的经济、社会和环境效益；与制造新品相比，再制造产品可节省成本 50%、节能 60%、节材 70%，几乎不产生固体废物；根据美国《再制造工业发展报告》数据显示，再制造 1 千克新材料，可节省原材料 5 ~ 9 千克，因再制造所节省的材料，在世界范围内每年可达 1400 万吨；再制造产品所消耗的能源仅是原产品生产的 15%，再制造可以实现全球每年 1600 万桶原油的节省（装备制造产业发展论坛论文集，2009），对节约资源、保护生态环境和缓解能源危机具有重要作用。因而，提高知识产权运用水平，促进再制造产业有序快速发展，从而节约资源能源和保护生态环境，是推动再制造产业知识产权运用的重要动因。

综上所述，研究我国再制造产业知识产权运用的问题，进而带动提高知识产权创造、保护和管理能力，是完善国家知识产权战略的必然要求；而且，对战略性新兴产业知识产权工作具有很好的示范带动作用，推动我国战略性新兴产业快速发展。

3.3　再制造产业知识产权运用的动因

受再制造技术的发展和经济利益的驱动，市场上也出现了从事专业再制造的第三方再制造公司，如利盟（Lexmark）公司（Majumder，2001）、我国的张家港富瑞特种装备股份有限公司等。在完善的知识产权制度保护下，受知识产权保护的废旧产品要被再制造，则必须要获得原制造商的知识产权许可。运用主体之间的相互作用是提高再制造产业知识产权运用能力的内在依据和根本动力，从系统科学观点看，再制造产业知识产权运用的动因即来自关联主体各方力量相互作用此消彼长的过程，既包括再制造产业知识产权运用的直接主体，也包括政府、环境及国外竞争者等主体利益的影响。

1. 提高关联主体的收益

再制造产业知识产权运用水平的提高，可以显著提高再制造产业主要关联主体的利益。第一，对于原制造商，黄宗盛（2012）研究发现，在专利保护的背景下发现第三方再制造商的进入有利于制造商利润的增加。再制造商的再制造行为必须要得到原制造商的知识产权许可，因而，原制造商可以通过收取再制造商的知识产权使用费来分享再制造收益。除此之外，马金德等（Majumder et al.，2001）建立了一个制造商和一个再制造商的两阶段模型，利用动态博弈理论对原制造商的再制造决策进行研究，发现竞争者的存在会降低原制造商的再制造成本，并且促使原制造商第一阶段新产品的产量增加，所以，第三方再制造商从事再制造行为对原制造商是有利的。第二，对于再制造商，作为独立的市场经济主体，以获取市场经济利益为目标，其进入必然会通过销售再制造产品来获得经济效益；同时，再制造商的进入也可以获得其他隐形收益，前文已介绍，再制造品的"绿色形象"会提高公司的社会形象，吸引一部分重视环境保护的消费者购买其产品（Atasu，2008）。第三，消费者总是希望能够获得物美价廉的产品，按照国家相关要求，再制造产品的质量和性能必须要达到和新产品同样的标准，为消费者提供同样的售后服务保障，而价格却只有新产品价格的一半左右，完全符合消费者的需求，但现在需要转变消费者对再制造产品的认识误区，张铜柱等（2010）指出，消费者总是希望产品可靠耐用、质优价廉，可以容易买到性价比高的再制造产品，而不必非得购买知识产权人的高价新产品。同时，再制造可以最大限度地实现资源的循环再利用，可以有效地减少环境污染和保护生态环境。因而，再制造产业知识产权运用能够提高原制造商、再制造商、消费者、社会公众、政府等关联主体的利益，是推动再制造产业知识产权运用的重要动因。

2. 提高产业生产效率

1776 年，"古典经济学之父"亚当·斯密在《国富论》指出，劳动分工会促进经济发展，表现在三个方面：一是可以发展生产者的技能；二是可以节约由于工作变化而损失的时间；三是有利于从事专项作业的劳动者改良工具和发明机械。从此以后，工作被不断细分给越来越专业化的工作者，生产率提升了，造就了当今世界的繁荣。再制造是对废旧产品回收和再利用，废旧产品的拆解、清洗、检测、修复等工艺对劳动者专业技能要求比较高，而由于回收的废旧产品千差万别，这就对劳动者的专业水平提出了更高的要求。根据研究范围界定，本书所指的再制造商是独立于原制造商的第三方再制造商，是专门从事废旧产品回收和再制造的企业，如果原制造商通过知识产权许可第三方再制造商专门从事再制造行为，可以显著提高废旧产品再制造的效率：一是有利于增加劳动者对废旧产品回收和再利用的处置经验，发展劳动者的生产技能；二是专业化分工不但使劳动者能够熟能生巧，他们还可以凭借丰富的生产经验来改良生产工具器械和创新生产方法；三是再制造对劳动者专业技能要求较高，通过专业化分工操作，可以节约由于企业由于工作变化而损失的时间。申成然（2012）建立了差异再制造主体的闭环供应链模型，研究在专利完善市场受专利保护的原制造商所采取的不同模式：原制造商自己再制造（MR 模式）和许可第三方进行再制造（RR 模式），研究结果表明：只有许可第三方进行再制造模式下节省成本及再制造率足够高时，原制造商才会许可第三方进行废旧产品再制造。因此，再制造产业知识产权运用的实现可以显著提高再制造产业的生产效率，是再制造产业知识产权运用的重要动因。

3. 政府的大力支持

再制造产业知识产权运用的实现需要有良好的产业成长环境，但产业成长环境本身并不具有主动性，因而必须借助外部刺激去激发这些优势的发挥，而政策扶持就是最好的途径之一。我国政府正在大力推进再制造产业的发展。一方面，制定一系列支持政策引导再制造产业发展；另一方面，政府相关部门正在推行再制造试点工作，如国家发改委在组织车零部件再制造试点工作，工信部在组织机电产品再制造试点工作，总结再制造产业发展的经验与教训，为进一步推动再制造产业的发展奠定坚实的基础。因而，政府的大力倡导和政策支持是再制造产业知识产权运用的重要动因。

4. 国外再制造产业知识产权运用的发展经验启示

我国再制造产业发展的初级阶段，产业发展水平较低，迫切需要借鉴美国等发达国家再制造产业发展的经验。美国再制造产业知识产权运用水平较高，已经形成了比较规范的知识产权运用体系，知识产权保障体系在不断完善，推动美国再制造产业有序快速发展，为美国带来了巨大的经济效益、社会效益和环保效益。第一，再制造产业的快速发展促进了美国经济的发展，1996 年，伦德（Robert T. Lund）教授在美国阿尔贡（Argonne）国家实验室的资助下，建立了一个有 9903 个再制造公司的数据库，并随机抽取了其中的 1003 个，涉及的行业领域有汽车、压缩机、电器等 8 个行业，研究得出，再制造产业对美国经济的贡献不可忽略，美国再制造的规模已经超过了当时美国国内的钢铁工业。第二，再制造产业的快速发展缓解了美国的就业压力，带来了巨大的社会效益，据美国国际商业委员会报告，在 2009～2011 年间，美国的再制造行业生产量增长 15%，贡献的全职就业岗位达到 18 万个。第三，再制造产业的发展为美国节约了资源能源，具有很大的环保效益，有利于推动可持续发展的实现。据阿尔贡实验室数据显示，新制造 1 辆汽车的能耗为再制造的 6 倍，新制造 1 台汽车发电机的能耗为再制造的 7 倍，新制造 1 台汽车发动机的能耗为再制造的 11 倍。美国再制造产业知识产权运用的发展经验，一方面启示我们提高再制造产业知识产权运用水平具有巨大的经济效益、社会效益和环保效益；另一方面也论证了提高再制造产业知识产权运用水平是可行的，是再制造产业知识产权运用的重要动因。

3.4 再制造产业知识产权运用系统演化的条件机理

再制造产业知识产权运用系统演化的过程，是再制造产业知识产权运用系统从低级结构向高级结构直至达到系统内部要素之间以及系统与环境之间协同演化的过程，这个进化过程可以用耗散结构理论来解释，即解决了系统由无序向有序转化的条件机理，反映了研究再制造产业知识产权运用的可行性。

1. 耗散结构理论

20世纪70年代，比利时物理学家普利高津（Prigogine）创立了耗散结构（dissipative structure）理论，其主要研究系统在远离平衡的条件下，由于其内部的非线性相互作用从热力学的无序向有序转化的过程，是对系统自组织的产生的条件、环境等给出科学判断的理论（吴彤，2001）。

耗散结构理论认为：一个开放系统，当到达远离平衡态的非线性区时，一旦系统的某个参量变化到一定的阈值，系统可能从稳定进入不稳定，通过涨落发生突变，即非平衡相变，于是系统由原来无序的混乱状态转变到一种新的有序状态，这种在远离平衡的非线性区形成的新的有序结构，并以能量的耗散来维持自身的稳定性，普利高津称之为耗散结构。这种系统能够在一定外界条件下，通过内部相互作用，自行产生组织性和相干性，称作自组织现象，因此，该理论也被称为非平衡系统的自组织理论。

普利高津指出，非平衡是有序之源，平衡态是无序的，耗散结构的形成和维持需要满足以下四个条件：①开放性，系统能够源源不断地与自然、经济、社会等环境进行物质、能量和信息的交换；②远离平衡态，系统内部的各子系统存在较大的差异，处于可能发生突变的远离平衡态的状态；③非线性，系统内部产生内在联系的因素之间的定量关系是非线性的，如微分方程、差分方程等；④涨落现象，系统在受到来自系统内外部因素的扰动下，会在某个时刻、某个局部的范围内产生对宏观状态的微小偏离，是耗散结构得以形成的"触发器"。

2. 再制造产业知识产权运用系统演化的必要条件

根据耗散理论，开放性、远离平衡态、非线性和涨落现象是系统自组织的前提条件和动因。再制造产业知识产权运用系统是一个动态的不断演化的系统，随着时间的推移，其结构、状态、特征、行为、功能等会发生转换或升级。再制造产业知识产权运用系统在演化过程中会产生复杂、多样的产业经济现象，这就是系统自组织的条件（魏芳，2006）。

（1）开放性。

开放性是系统自组织的前提和必要条件。根据热力学第二定律可知，一个封闭系统的熵一定会随着时间无限增大，熵的增加意味着系统状态更加混乱与无序，所以封闭系统不会出现耗散结构。因此，耗散结构系统是一个开放的系统，不断地从外界获取物质、能量与信息，引入负熵来抑制自身的正熵，最终使系统向耗散结构方向发展。

判断一个系统是否开放的依据是系统是否存在输入和输出。再制造产业知识产权运用系统是一个与社会科技、资源、信息、市场、政府、环境等高度开放的系统。根据 1.2 节的界定，再制造产业知识产权运用是以含有知识产权保护的废旧产品回收和再利用为主要活动，输入废旧产品、知识产权、人力、信息等生产资源，输出再制造产品并销售给消费者，是一个典型的"输入—输出"系统。再制造产业知识产权运用系统一直在源源不断地与外界进行物质、能量、信息的交换，否则无法从事再制造。而且，市场经济制度的完善、利盟（Lexmark）等第三方再制造商的不断加入也在不断地影响再制造产业发展，通过"输入—输出"系统，逐渐形成新的有序结构（Majumder，2001）。

因而，再制造产业知识产权运用系统具有开放性的特点，与产业外部的信息、资源、环境等进行互联互通，是一个开放性的系统，这是再制造产业知识产权运用系统产生有序结构的必要条件。

（2）远离平衡态。

远离平衡态是耗散结构形成的另一个重要条件，平衡态是一种混乱无序的状态，远离平衡态表明系统内各子系统存在较大的差异，即存在势能差。最小熵产生原理指出，在近平衡态下，系统的主要运动趋势是走向平衡态；而在远离平衡态时，在某个临界距离进入分岔点，并在随机涨落的"选择"下突变，产生新的时空有序结构。

判断系统是否远离平衡态的依据是系统各组成部分之间是否存在差异，差异越大，系统越远离平衡态。我国再制造产业处于发展的初级阶段，法律法规和政策体系尚不完善，原制造商、再制造商等市场主体之间知识产权利益关系不清晰，市场发展秩序混乱，一直处于远离平衡态的状态，不可能处于绝对的平衡态。而且，再制造产业知识产权运用的关联主体是基于共同利益诉求的一系列正式或非正式的契约，每一个主体为了实现自身利益最大化以及外部环境的变化，都有自主选择加入或退出的权利。

因而，再制造产业知识产权运用系统是远离平衡态的，这是再制造产业知识产权运用系统有序演化的稳定态条件。

（3）非线性。

耗散结构理论认为，系统中各要素或子系统间的非线性相互作用是系统向有序结构演化的根本机制与内在动力，只有系统的子系统之间存在着非线性的相互作用，系统才会涌现出新的性质，才可能演化成有序的耗散结构系统。

判断是线性作用还是非线性作用，一个简单的依据就是叠加性质是否有效。再制造产业知识产权运用是一个范围更广的组织模式，它包含了从原制造商对再制造商进行知识产权许可直到产品最终到达消费者手中的相关主体，包括原制造商、再制造商、知识产权服务商、消费者等。各主体为了实现促进再制造产业有序快速发展的目标而组织到一起，各主体分发挥其特有功能，并相互配合成为统一的整体，整体能够产生各部分所不具有的新功能，产生"1＋1＞2"的协同效应。而且，知识产权是政府公共政策的重要组成部分，其变化也会对再制造产业知识产权运用系统产生非线性的影响。

因而，再制造产业知识产权运用系统具有非线性的特性，是再制造产业知识产权运用系统有序演化的动力学条件。

（4）涨落现象。

当涨落的影响在某一临界点之下，系统维持原有状态；但一旦这种涨落超出临界值，涨落有可能被反馈放大为"巨涨落"，导致原有系统进入到一个新的有序状态，出现耗散结构（吴彤，2001）。再制造产业知识产权运用系统一直处于外部环境的干扰之下，如知识产权政策、技术创新、居民文化、环境要求等的影响，因此，再制造产业知识产权运用系统一直在不断地受到涨落的作用。

由以上分析可知，再制造产业知识产权运用系统具备开放性、远离平衡态、非线性和涨落现象等四个方面的条件，而拉兹洛指出，"只要条件具备，就必然发生自组织结构"（马金德，2001）。所以，再制造产业知识产权运用系统具备演化的条件。

同时，再制造产业知识产权运用系统演化是一个自组织和他组织共同作用的过程。在再制造产业知识产权运用系统演化过程中，仅依靠企业自组织行为很难实现，需要政府、公众、社会组织等采取干预或他组织的行为，即他组织（指存在系统以外的组织者）对系统在获得空间、时间或功能结构过程中施加特定干预，使系统按确定的计划、方案形成或运行，以达到预定的目标（许国志，2000）。自组织作为再制造产业知识产权运用的隐形规律作用于产业发展，而他组织则会克服自组织中的市场缺陷，补足产业发展所需要的条件，促进再制造产业的有序快速发展。因此，在再制造产业知识产权运用系统演化过程中尤其在初级阶段，政府、公众、社会组织应积极承担他组织作用。

3.5　再制造产业知识产权运用的运行机理

本节从再制造产业链出发，梳理知识产权运用的主体及其作用，并对原制造商、再制造商、知识产权服务商和消费者等主要主体在再制造产业知识产权运用中的利益冲突进行了分析，明确各方利益诉求，为理顺各方相互关系奠定基础。

3.5.1　再制造产业知识产权运用主体及作用

再制造产业知识产权运用是从原制造商的授权开始，直到再制造商将再制造产品销售给消费者的全过程。因此，本节借鉴供应链管理理论、利用系统的方法分析再制造产业知识产权运用的运行机理。

1. 运行机理的分析原理

供应链（supply chain，SC）概念的起源可以追溯到彼得·德鲁克的"经济链"和迈克尔·波特的"价值链"。彼得·德鲁克在《21 世纪的管理挑战》一书中指出，管理的实践必须建立在新的假设之上——管理的范围并非是法律界限，而是整个"经济链"。1980 年，波特提出了价值链（value chain），将企业的价值活动区分为基本活动和支持性活动两大类。基本活动是涉及产品的物质创造及其销售、转移买方和售后服务的各种活动，支持性活动是通过提供采购投入、技术、人力资源以及各种公司范围的职能支持基本活动的辅助性活动。1989 年史蒂文斯（Stevens，1989）

给出了完整的供应链定义，认为供应链是一个系统，包括通过前向物流和反向物流连接在一起的原材料供应商、生产工厂、配送服务和顾客。

关于供应链组成方面的研究，波里尔等（Poirier et al.，1997）将供应链定义为运作实体的网络，通过这一网络组织将产品或服务传递到特定的顾客市场，并提出了供应链模式，把供应链的成员延伸至供应商以及供应商的供应商、顾客以及顾客的顾客。西马图庞等（Simatupang et al.，2005）从网络或系统的角度把供应链看作是上下游企业之间的业务流程整合或是为实现从原材料到成品最后到达消费者手中整个功能过程中一系列企业的集合体，致力于将原料转换为最终产品，并运送给顾客的整个流程。在这一过程中，原材料和零部件供应商、产品制造商、批发商、零售商和运输业者都是供应链的成员。肖普拉（Chopra，2007）等进一步突出了顾客的价值，认为供应链可以视为由一连串的上游供应商和下游的顾客所连接的环相互链接而成。关于供应链成员的组织协调方面，德鲁克曾指出，"要在竞争日趋白热化的全球市场中立于不败之地，企业需要掌握整个经济链的成本，需要与经济链中的其他成员合作，共同控制成本和最大限度地提高效益。"也就是说，企业要想增加效益、提高竞争力，必须与经济链中的其他成员合作，共同控制整个经济链的成本，而不是单个企业的内部成本。通过对供应链成员的协调，可以实现供应链整体利益最优。纳古尼（Nagurney，2005）研究了电子商务环境下面临多个标准决策制定的供应链网络建模和分析框架，建立了制造商、零售商、客户的优化决策。

整合以上研究成果，一方面，供应链成员应该包括从原材料到产成品最后到达消费者手中整个功能过程中一系列企业的集合体，而供应链的组成不是绝对的，任何一个组织都有可能是供应链中的一部分，也就是说再制造产业知识产权运用的主体应根据具体情况进行分析；另一方面，供应链成员通过合理的利益协调机制可以实现供应链利润最优，斯特拉尔特（Stallaert，2003）等研究了供应链环境下分散组织中的激励结构，并且证明了这些系统是可以实现最优的。

2. 再制造产业知识产权运用主体

按照系统学观点，再制造产业知识产权运用是一个复杂的开放系统，是相互联系、相互作用的各元素所组成的综合体。本部分借鉴供应链管理理论，以系统分析法分析再制造产业知识产权运用系统的各要素及各要素之间的相互关系。从再制造产业链出发，结合对玉柴再制造工业（苏州）

有限公司的实地调研，分析再制造产业知识产权运用的主要业务流程，如图 3.2 所示，主要分为再制造产业的业务流程和业务主体两部分。

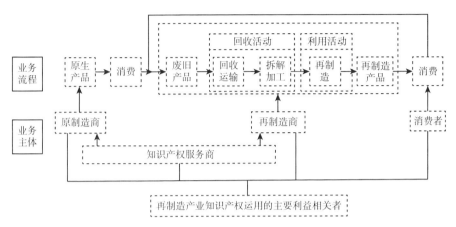

图 3.2　再制造产业业务流程及知识产权运用的主体分析

再制造产业链是一个闭环供应链，其业务流程始于原产品，首先是利用原材料生产出原产品，供消费者消费；原产品被消费者消费后，成为废旧产品；废旧产品经过再利用商的回收运输和拆解加工等活动，转化为可以再次利用的再生资源（废旧产品或零部件）；再生资源通过清洗、检测、表面加固等再制造工艺后，被重新组装生产成为再制造产品；再制造产品在达到国家相关标准后，再次销售给消费者；再制造产品被消费者消费后，再次产生废旧产品，开始新一轮的再制造活动。从再制造产业业务流程中可以看出，再制造产业的业务主体主要包括原制造商、再制造商，知识产权服务商和消费者。

3. 再制造产业知识产权运用主体的作用

根据再制造产业知识产权运用的业务流程分析，如图 3.2 所示，再制造产业知识产权运用的主体主要包括：原制造商、再制造商、知识产权服务商和消费者。各主体在再制造产业知识产权运用过程中都发挥着重要作用，如图 3.3 所示。

原制造商是废旧产品中含有的知识产权权利的所有人，是受知识产权保护的废旧产品被再制造的知识产权许可人。再制造产业的有序快速发展离不开原制造商的支持。一方面，在规范的市场经济条件下，再制造商必须要获得原制造商的知识产权许可之后才能对废旧产品进行再制造，否

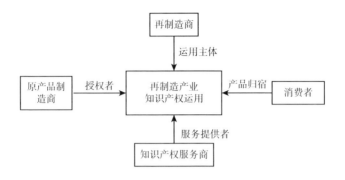

图 3.3　再制造产业知识产权运用主体的作用分析

则，属于侵权再制造，会扰乱市场经济秩序，不利于再制造产业的规范有序发展。另一方面，再制造的发展还需要得到原制造商的技术支持，在对汽车零部件再制造试点单位调研时，受访者指出，再制造商在从事再制造时，需要原制造商提供技术参数指标等方面的支持，否则会增加再制造的难度，一些关键技术指标甚至导致再制造商无法从事再制造。

再制造商是知识产权运用的主体，是受知识产权保护的废旧产品被再制造的知识产权被许可人，也是废旧产品回收和再制造的实施者，其对再制造产业有序快速发展的重要性不言而喻。在发展的初级阶段，再制造产业市场经济秩序和法律法规制度尚不完善，再制造商如何处理与其他知识产权运用主体的关系也不明确，比如是否有企业愿意加入再制造产业之中、再制造商是否愿意向原制造商缴纳知识产权使用费、如何制定知识产权运用的市场推广策略等都影响着再制造产业的有序快速发展。

知识产权服务商是专业化的知识产权服务提供者，是再制造商获得知识产权许可谈判的代理方，有利于提高再制造商获得知识产权许可的效率和有效性。现在企业一般采用模块化生产方式，一件原产品是由不同厂家生产的零部件组装生产而成，例如，对一台废旧挖掘机进行拆解再制造，大约可以拆解为 1.2 万个零部件，而这些零部件中含有的知识产权可能属于不同的原制造商，所以，再制造一件产品可能需要从不同的原制造商手中获得知识产权许可。本书研究的再制造商会将与不同原制造商进行知识产权许可谈判的工作委托给专业的知识产权服务商，提高企业获得许可的效率和有效性，从而将更多的时间和精力投入到企业的核心业务之中，不断提高企业的核心竞争力。

消费是再制造产业的最终目的，是再制造产品的最终归宿，不被消费者认可的产品最终也会走向消亡，影响甚至决定着再制造产业知识产权运用能否实现。特别是现阶段，消费者对再制造产品的认可度和接受度不高，更影响着再制造产业能否实现有序快速发展。王斌等（2014）的研究结果也显示，产品的市场因素是影响知识产权运用的重要影响因素。

因此，原制造商、再制造商、知识产权服务商和消费者在再制造产业知识产权运用过程中都肩负着重要的职能，只有各主体相互协作，才能共同推动再制造产业有序快速发展，缺一不可。

3.5.2　再制造产业知识产权运用中的利益冲突

在分散型决策条件下，知识产权运用主体之间各自追求利益最大化，对废旧产品再利用各执己见、思路不统一，存在一定的主张冲突，难以形成科学合理的知识产权运用机制，主张关系如图 3.4 所示。

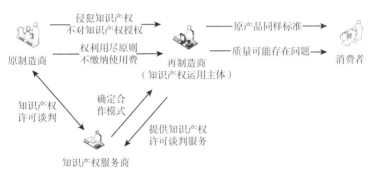

图 3.4　再制造产业知识产权运用的主体主张分析

（1）原制造商主张。原制造商是废旧产品中含有的知识产权的权利人或许可使用人（4.2 节将对此进行介绍），因而，关于废旧产品中含有的知识产权权利。一方面，如果再制造商要从事再制造，则需要向原制造商缴纳知识产权使用费；另一方面，再制造产品必然会侵占原产品的市场份额，加剧了市场竞争程度，损害原制造商的利益，所以，原制造商可能也会不同意向再制造商进行知识产权许可。弗格森（Ferguson，2006）也认为，第三方再制造商时刻面临着原制造商的威胁，因为原制造商会通过游说立法部门等形式阻止再制造商进入。由于再制造所具有的经济效应和生态环保效应，其不同意许可又得不到环保等部门的支持，因此，再制造商和原制造商之间的知识产权矛盾冲突严重。而即使当原制造商同意对再制造商进行知识产权许可时，再制造商可能仍然不缴纳知识产权使用费，进行侵权再制造，出于这一方面的考虑，原制造商可能会通过技术手段提高废旧产品被再制造的难度，如将原生产品设计为"一拆即毁"的特性等。

（2）再制造商主张。在知识产权视角下，再制造商和原制造商是直接的利益冲突方。再制造商主张权利用尽原则，认为其再制造行为并不涉及侵权，希望不通过原制造商的授权就可以进行再制造，这样既可以方便地获得废旧产品，也便于对废旧产品进行拆解再利用，更能节省知识产权使用费。即使部分再制造商认可废旧产品中含有的知识产权权利属于原制造商，其也可能会在不获得原制造商知识产权许可的条件下进行侵权再制造。

（3）知识产权服务商主张。知识产权服务业是汇集法律、技术、经营管理等为一体的、高难度的、复杂的服务性活动，并贯穿于知识产权创造、运用、保护和管理等知识产权战略各环节之中。知识产权服务商并不是再制造产业业务流程的主体，但却是再制造产业知识产权运用的重要主体。知识产权服务商是专业的知识产权服务供应商，为再制造产业提供知识产权服务是其重要的服务产品，而其服务也可以提高再制造商获得原制造商知识产权许可的效率和有效性。因此，一些再制造商会将与原制造商进行知识产权许可谈判的工作外包给专业的知识产权服务商，这也是本书的研究对象。

（4）消费者主张。消费者是再制造产业持续发展的根本，没有市场需求的再制造产业最终也会走向消亡。现阶段，消费者对再制造产品的认识还存在一定的误区，认为再制造产品是残次品、翻新品、存在质量缺陷的产品等，对再制造产品缺乏信任，市场接受度不高，影响产业的快速发展。但实际上，再制造产品的质量和性能是不存在问题的，因为，按照国家相关要求，再制造产品的质量和性能等必须要达到或超过新产品，如《再制造产品认定管理暂行办法》规定，"产品质量达到或超过原型新品，且符合国家相关的安全、节能、环保等强制性标准要求"；《再制造单位质量技术控制规范（试行)》明确规定，要"确保再制造产品的性能特性符合原型新品相关标准的要求"，而其价格只有新产品价格的一半左右。

再制造产业知识产权运用的主体主张各不相同，总体来看，可以分为两大阵营：支持阵营和反对阵营。支持阵营包括再制造商、知识产权服务商和消费者；反对阵营主要是原制造商。现阶段，消费者对再制造产品认识还存在一定的误区，只要消费者正确认识了再制造产品，并能够用新产品一半左右的价格购买与原产品同等质量的再制造产品，就肯定能够获得消费者的青睐。因此，当务之急是转变消费者对再制造产品的认识，提高消费者对再制造产品的认可。

3.6　再制造产业知识产权运用的作用机理

由于再制造产业知识产权运用过程的复杂性及其存在的不确定性，需要原制造商、再制造商、服务中介、市场以及政府等知识产权运用主体有机地组织起来，按照一定的目的和方向，协调发挥各自的功能，形成紧密结合网络组织结构，不断推动再制造产业知识产权运用的实现。在与外部环境的相互作用下，各知识产权运用主体为了实现共同的目标需要遵守一定的规则，而各主体通过与外部环境和其他主体的沟通，也会不断调整自身的发展目标和行为规则，以不断适应外部环境的要求，当一个目标实现后会产生新的目标，从而不断推动再制造产业知识产权运用的实现。

1. 以法律法规制度为基础

中共十八届四中全会通过的《中共中央关于全面推进依法治国若干重大问题的决定》指出："社会主义市场经济本质上是法治经济。……完善社会主义市场经济法律制度。"市场经济是自由交易经济，但市场交易有效有序进行的一个基本条件就是法治，以约束经济人的行为，包括产权界定和保护、合同和法律的执行、维护市场竞争等。如果没有法制的保障，产权是不安全的，也不可能有高效有序的市场竞争环境。我国再制造产业知识产权运用也必须要以法律制度为基础，用法律来约束再制造商等主体的市场行为，保障再制造产业有序健康发展。比如，再制造商必须要遵守《专利法》，向原制造商缴纳知识产权使用费；还要遵守《产品质量法》《再制造产品认定管理暂行办法》等，向消费者提供符合产品质量规定的再制造产品。同时，马克思认为"先有交易，后来才由交易发展为法制……这种通过交换和在交换中才产生的实际关系，后来获得了契约这样的法的形式"。这反映了再制造产业知识产权相关的法律法规中制度产生于再制造产业发展实践，并应随着再制造产业的发展而不断完善。

2. 维护社会公共利益原则

我国《宪法》第五十一条规定，公民在行使自由和权利的时候，不得损害国家的、社会的、集体的利益和其他公民的合法的自由和权利。《宪法》对社会利益的规定奠定了社会公共利益在其他部门法的法律基础。从国家层面而言，知识产权制度是一个社会政策的工具，以法律为基础，发挥着保护权利、平衡利益、促进科技进步和经济增长的社会功能，是维护社会公共一理的重要工具。因此，无论是社会公众、企业，还是国家机关，都应该积极维护社会公共利益，为经济社会的可持续发展贡献力量。再制造产业是节能环保产业，属于战略性新兴产业的重要组成部分，是发展循环经济的重要方式，能够最大限度地实现资源的循环再利用。因此，虽然各关联主体在再制造产业知识产权运用过程中存在着一定的利益冲突，但各主体应该积极维护社会公共利益，促进再制造产业知识产权运用水平的提高。具体表现在：原制造商应该积极同意对再制造商进行知识产权许可，并能为再制造商提供技术等方面的支持；消费者应该转变对再制造产品的认识误区，愿意购买具有节能环保效应的再制造产品。

3. 协同效应原则

协同效应则指复杂系统内各子系统的协同行为产生出的超越自身单独作用而形成的整个系统的聚合作用，是系统整体性、相关性的内在表现（白列湖，2007），即系统并不是子系统的结构、特性等的简单或机械综合，而是子系统之间相互作用所形成的有机整体，并且能够产生"1＋1＞2"的效果，即所谓的正协同效应。再制造产业知识产权运用的关联主体之间存在着相互联系、相互依存的关系，从促进再制造产业有序快速发展的角度看，各方的目标是一致的，利益也是相互交织在一起的。知识产权运用主体之间只有切实形成了相对稳定、互利共生的协同关系，才能保证各自在运用过程中的地位和作用得以发挥，作为一个"多元互补"的整体，获取相应的经济利益和社会认同。但是，知识产权运用的关联主体作为独立的市场经济主体，各自以自身利益最大化为目标，则相互之间必然存在一定的冲突，带来一定的负协同效应，这是我们所要避免的。互动合作是否产生的根源在于合作的价值，即正协同效应的大小，而正协同效应又会进一步促进关联主体之间的互动交流，强化彼此间的协作关系。

4. 平等的利益分配原则

平等的利益分配原则是再制造产业知识产权运用能够实现可持续运行

的前提和基础。总体来看，利益分配应该坚持与贡献大小相对称的原则、与承担风险大小相对称的原则。首先，利益分配应与贡献大小相对称，再制造产业知识产权运用的授权、生产、销售等各个环节涉及多种资源的投入。根据本书研究范围界定，例如，原制造商要投入废旧产品所含有的知识产权资源及因知识产权授权所带来的竞争所造成的威胁，知识产权服务商需要投入人力资源等进行信息收集、知识产权许可谈判等工作，再制造商需要向原制造商缴纳知识产权使用费、向知识产权服务商支付委托费等。虽然对各主体贡献能力大小的衡量标准不尽相同，但从整体来看，各主体的收益应该和投入成正比，即投入越多得到的收益就越多，反之，则越少。

5. 与国际市场接轨

任何国家和地区的市场经济都是全球化市场经济的一部分，是一种客观必然趋势。不仅使市场经济的普遍性寓于各个国家和地区的特殊性之中，共性寓于个性之中；同时，也是整体与个别的关系，即全球化市场经济是整体，不同国家和地区的市场经济是个别，全球化市场经济是由不同的国家和地区的市场经济在一体化进程中形成和融合的。对外开放是我国一项长期的基本国策，中共十八大报告提出，适应经济全球化新形势，必须实行更加积极主动的开放战略，完善互利共赢、多元平衡、安全高效的开放型经济体系。因此，在我国市场经济发展过程中，要不断提高我国开放型经济水平和应对国际市场竞争能力，把"引进来"和"走出去"更好地结合起来，扩大开放领域，优化开放结构，提高开放质量，完善内外联动、互利共赢、安全高效的开放型经济体系。

类似前文述及的日本打印机墨盒案件，不仅关系到双方当事人的利益和修理企业的生存问题，还会关系到我国企业的国际贸易能否健康有序发展的问题。而且，国际再制造公司纷纷进入中国市场，比如卡特彼勒、大众在中国的再制造项目等。这已经充分显示，我国再制造产业知识产权运用必须要坚持与国际市场接轨的原则，通过参与国际经济、技术和产业政策等的交流与合作，逐步建立符合国际惯例的再制造产业知识产权运用规则和机制，特别是把我国再制造产业的发展置于国际大环境来运作，与国际资源优势互补，提高我国再制造产业的国际市场竞争力，促进我国再制造产业的有序快速发展。

3.7   再制造产业知识产权运用体系框架

根据 3.5 节研究内容可知，再制造产业知识产权运用的主体主要包括：原制造商、再制造商、知识产权服务商和消费者。作为分散的市场经济主体，知识产权运用主体之间各自追求利益最大化，对废旧产品再利用各执己见、思路不统一，存在一定的主张冲突，其中，再制造商是知识产权运用的实施主体。

从再制造商与其他知识产权运用主体的关系出发构建再制造产业知识产权运用体系，主要包括三方面内容：再制造商和原制造商知识产权共享路径（第 4 章内容）；再制造商和知识产权服务商合作模式（第 5 章内容）；再制造产业知识产权运用的市场推广策略（第 6 章内容）。以此来协调供应链中各个相互独立的企业之间的利益关系，通过合理的利益协调机制实现供应链利润最优。再制造产业知识产权运用体系框架，如图 3.5 所示。

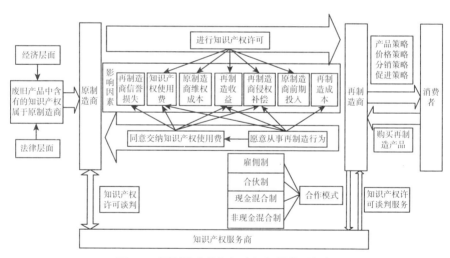

图 3.5   再制造产业知识产权运用体系框架

1. 再制造商和原制造商知识产权共享路径

3.5 节分析发现，再制造商和原制造商是再制造产业知识产权运用的直接主体，双方矛盾冲突现象严重，如果不能理顺双方知识产权利益关系，再制造产业很难有序快速发展。而且，如果再制造商不及早关注知识产权问题，很有可能进入向我国 DVD 企业遭受到 6C（日立、松下、三菱电机、时代华纳、东芝、JVC）和 3C（索尼、先锋和飞利浦公司）等专利联盟收取巨额使用费的困境（岳贤平，2005）。

事实上，再制造产业的规范有序发展，对再制造商、原制造商和社会公共利益都是有利的（田真平，2016）。首先，再制造商从事再制造的收益肯定是非负的，否则就不会进行再制造。其次，虽然原制造商可能反对再制造商加入再制造产业当中，但知识产权保护背景下的第三方再制造商的再制造行为需要向原制造商缴纳知识产权使用费，有利于增加原制造商的收益，对其也是有利的。米特拉（Mitra，2016）通过研究证明，虽然再制造产品可能会侵占原产品的市场份额，但考虑到再制造产品与新产品的重新组合收益及为原制造商带来的市场份额扩大，相比于不从事再制造，原制造商在从事再制造时的竞争优势和经济效益也会有所提高。最后是社会公共利益，再制造产业是对废旧产品进行回收和再利用的产业，属于生态环保产业，对节约资源能源和保护生态环境具有重要的意义，有利于经济社会可持续发展的实现。

结合以上分析，应协调原制造商和再制造商之间的知识产权关系，促使原制造商和再制造商之间实现知识产权共享。从促进再制造产业有序快速发展的角度，再制造商和原制造商知识产权共享路径需要研究以下三方面内容（第 4 章内容）：一是明确废旧产品中含有的知识产权归属问题，这是理顺双方知识产权关系的前提和基础；二是构建原制造商对再制造商进行知识产权许可的博弈分析，介绍如何促进原制造商同意对再制造商进行知识产权许可和吸引再制造商从事再制造行为；三是构建再制造商向原制造商缴纳知识产权使用费的博弈分析，介绍如何促进再制造商同意向原制造商缴纳知识产权使用费。

2. 再制造商和知识产权服务商合作模式

服务外包即是依据双方约定的外包协议，企业等组织将原本应由自身提供的基础性的、非核心的服务开发和管理等授权给第三方即服务外包商执行。服务外包是企业对价值链进行优化重组，能够使企业把有限的资源投入到自己的核心竞争力上（陈菲，2005），通过专业化分工，将原本由企业内部完成的部分工作外包给专业的外部服务商提供，从而将更多的企业资源投入核心业务中，优化资源配置，并最终实现提高生产效率、增强企业核心竞争力和提高经济效益的目的。因此，本书研究的再制造商即会将与原制造商进行知识产权许可谈判的工作外包给专业的知识产权服务商。

国家知识产权战略顾问王景川（2011）指出，当前我国正处于加快推进经济发展方式转变和经济结构调整的重要时期，在以产业升级、产品换代，实现绿色经济和节能环保目标的过程中，遇到知识产权问题，需要知识产权服务。知识产权是科学技术发展的工具，必须要与企业、行业、技术紧密联系起来，我国知识产权服务没有形成一套成功的商业模式，没有与细分产业（行业）紧密结合、与专业接轨，自然对技术、市场不熟悉，因此，也就无法有效地帮助企业，并提高企业的运用专利的能力（张津铭，2011）。而在专利运用过程中，评估、谈判与签约环节是最关键的一环，其交易成本主要是指签约、执行的成本，具体包括律师费、督查费、验证费、管理费以及新产生的谈判费用，如果专利产业化的实施者不是同一个主体，会提高讨价还价的成本，要减少双方的交易成本，最为有效的提升知识产权服务商组织效率（杨伟民，2014）。再制造商要想利用含有知识产权保护的废旧产品进行再制造，则必须要获得原制造商的知识产权许可，属于不同方之间的知识许可谈判，知识产权服务商的介入有利于提高谈判的效率，降低交易成本。

结合分析，再制造商将知识产权许可谈判工作外包给知识产权服务商，有利于提高获得原制造商许可的效率和有效性，把更多的时间和精力投入到再制造技术等核心业务中。本书所指的再制造商即将与原制造商的知识产权许可谈判工作委托给专业的知识产权服务商。那么需要进一步研究的是，再制造商和知识产权服务商在不同市场条件下的合作模式及均衡策略问题（第 5 章内容）。

3. 再制造商对消费者市场推广策略

根据 3.5 节研究内容，消费者是再制造产业知识产权运用的重要主体，而再制造的最终目的也是为了满足消费者的需求，不被消费者接受的产品最终也会走向消亡。因此，消费者在知识产权运用中发挥着举足轻重的作用。

现阶段，再制造产业知识产权运用的市场购买力不足，消费者对再制造产品的认可度和接受度较低，影响再制造产业的有序快速发展。按照国家相关要求，再制造产品的质量和性能要达到或超过新产品，产品质量性能完全能够满足消费者的需求，而且，再制造产品属于节能环保产品，具有很好的生态环保效应，理应得到消费者的支持和青睐。但再制造产品作为一种新兴产品，又是在废旧产品及零部件基础上生产的产品，无论是再制造产品的理念还是再制造产品本身都不太被消费者所接受，根据 3.5 节研究内容介绍，消费者对再制造产品的认识不足，存在一定的认识误区，知识产权运用的市场购买力不足，对再制造产品的认可度和市场接受度都较低，不利于再制造产业的有序快速发展。同时，不同消费者对再制造产品的关注点和认可度是不一样的，进而影响消费者对再制造产品的购买意愿。

结合以上分析，为了促进再制造产业有序快速发展，对消费者不认可再制造产品的问题需要研究以下内容（第 6 章内容）：一是要对再制造产品市场情况进行调研，了解消费者购买再制造产品意向的影响因素；二是制定再制造产业市场推广规划，明确再制造产业知识产权运用的主要消费群体、次要消费群体和潜在消费群体，并对再制造产品进行市场定位；三是运用 4P 策略制定不同细分市场的市场推广策略，增加消费者对再制造产品的购买。

3.8　本章小结

本章主要研究再制造产业知识产权运用机理，解决再制造产业知识产权运用机制的理论问题。主要结论与观点归纳如下：

（1）研究再制造产业知识产权运用问题是必要的。美国、日本等国家再制造起步早，已经发生了很多再制造侵权纠纷的案例，我国也已经出现了相关案例，深刻反映了研究我国再制造产业知识产权运用问题的必要性。同时，研究再制造产业知识产权运用问题，是落实国家知识产权战略的必然要求，也是再制造产业特性和本质的必然要求，更是解决我国再制造产业知识产权运用过程中存在的问题和应对国际市场竞争的必然要求。

（2）研究再制造产业知识产权运用问题是可行的。在耗散结构理论的基础上，论证了再制造产业知识产权运用系统具有向耗散结构演化的条件，包括开放性、远离平衡态、非线性和涨落现象，反映了提高再制造产业知识产权运用水平的可行性。

（3）再制造产业知识产权运用主体为了实现目标需要遵守一定的规则。再制造产业知识产权运用过程的复杂性及其存在的不确定性，需要知识产权运用主体有机地组织起来，按照一定的目的和方向，协调发挥各自的功能，形成紧密结合网络组织结构，不断推动再制造产业知识产权运用的实现。规则具体包括：以法律法规制度为基础、维护公共利益原则、协同效应原则和平等的利益分配原则。

（4）借鉴供应链管理理论，利用系统分析方法，从再制造产业链出发，梳理了知识产权运用的流程，分析得出：原制造商、再制造商、知识产权服务商和消费者都是再制造产业知识产权运用的重要主体，明确了主体间的相互关系。

（5）根据再制造商与其他主体之间的相互关系，构建了再制造产业知识产权运用体系框架，主要包括：再制造商和原制造商知识产权共享路径，再制造商和知识产权服务商合作模式和再制造产业知识产权运用的市场推广策略。

第 4 章

再制造商和原制造商
知识产权共享路径①

当前，我国再制造产业知识产权运用面临的问题是：法律法规制度尚不完善，再制造商和原制造商对废旧产品中含有的知识产权归属问题存在一定争议，已出现了相关案例，如 1.1.1 节介绍的古贝春公司酒瓶侵权案、鲁湖酒厂酒瓶侵权案等；原制造商出于经济利益等方面的考虑，可能不同意对再制造商进行许可，而再制造商也可能不愿从事再制造；即使再制商造愿意从事再制造，也可能不向原制造商缴纳知识产权使用费。在此背景下，本章研究再制造商和原制造商的知识产权共享路径，协调双方的知识产权关系，主要包括三个问题：①明确废旧产品中含有的知识产权归属问题；②构建原制造商对再制造商进行知识产权许可的博弈模型，分析如何促进原制造商同意对再制造商进行知识产权许可和吸引再制造商从事再制造行为；③构建再制造商向原制造商缴纳知识产权使用费的博弈模型，分析如何促进再制造商同意向原制造商缴纳知识产权使用费。共享路径是再制造产业知识产权运用体系的重要组成部分，为原制造商和再制造商之间实现正向协同效应提供理论与方法指导，为原制造商和再制造商实现知识产权共享创造条件，推动再制造产业有序快速发展。

① 本部分核心作为论文发表：刘嫣然，张士彬. 原制造商与第三方再制造商知识产权共享路径研究——再制造产业有序快速发展视角 [J]. 科技进步与对策，2018，35（6）：122 – 130。

4.1　问题提出

为了节约资源能源和实现可持续发展，需要发展循环经济，并完善循环经济相关的法律法规作为保障。受知识产权保护的产品再制造涉及知识产权保护、知识产权权利人的权利、再制造商的利益等问题，都是发展再制造产业所必须要解决的。然而，我国目前对受知识产权保护的废旧产品再制造侵权及产业发展对策方面的研究尚不成熟，特别是原制造商和再制造商的知识产权关系不明确：原制造商认为废旧产品中含有的知识产权应该属于自己所有，企业要想从事废旧产品再制造，必须要获得原制造商的知识产权许可；再制造商坚持权利用尽原则，认为废旧产品中含有的知识产权权利已经用尽，不属于原制造商所有。知识产权关系不明确的局面不利于再制造产业的有序快速发展。

我国再制造产业发展面临越来越多的国内外知识产权挑战。从国内来看，根据 1.1.1 节，我国已出现了再制造知识产权侵权纠纷相关的案例，如古贝春公司酒瓶侵权案、鲁湖酒厂酒瓶侵权案、雪乡酒业公司酒瓶侵权案，都涉及对受知识产权保护的废旧酒瓶的回收和再制造行为，案件实质内容均为回收再制造旧酒瓶重装新酒并进行销售，案情基本相同但出现了截然不同的结果：古贝春公司被判不侵权，鲁湖酒厂被判侵权、雪乡酒业公司和原告通过调解解决了知识产权纠纷问题。同时，国家发改委和工信部分别在组织再制造试点工作中的知识产权制度也不统一，国家发改委明确要求汽车零部件再制造试点单位必须要取得原生产企业的授权，但工信部在机电产品再制造试点工作中对此问题没有明确规定。对于再制造知识产权问题，我国至今没有明确的法律规范。放眼到国际市场上，案情基本相同的日本打印机墨盒案和美国打印机墨盒案也出现了截然相反的判决，特别是在日本打印机墨盒案中，我国 RA 公司被判侵犯原告佳能公司的知识产权，引起我国广泛的关注，国家知识产权局知识产权发展研究中心等曾组织国内外专家学者专门对此案件进行研讨，事关我国国际贸易健康持续发展的问题。这些充分显示了我国再制造知识产权相关的法律法规制度不完善，原制造商和再制造商在再制造过程中的知识产权权利义务关系不明确，影响到再制造产业整体发展规划和企业的日常经营活动。为此，我国理论界应当及时开展相关研究，明确原制造商和再制造商的知识产权权利和义务关系。

产权理论认为，产权并不是人与财产之间的关系，而是由于财产所引发的人与人之间的权责利关系，所有权是基础，其他权利都是在所有权基础上衍生出来的，包括知识产权对外的授权许可，而知识产权许可已成为美国等国外知识产权人获取经济利益的重要手段，发达国家企业普遍通过知识产权许可合同来获取经济收益，如果知识产权权利人和使用人达成相关使用协议，必定是双赢的局面：知识产权使用人通过销售产品获得收益，知识产权权利人通过收取知识产权使用费分享收益，否则，对双方都是一种损失。比如 1.1.1 节古贝春公司酒瓶侵权案中，知识产权人鞠爱军将外观设计专利许可给山东银河酒业集团，每年可以获得知识产权使用费，山东银河酒业集团可以使用其外观设计专利生产酒瓶来销售自己的酒，对双方都是有利的。但山东武城古贝春集团总公司在鞠爱军和山东银河酒业集团不知情的情况下，就回收和再制造山东银河酒业集团利用该外观设计专利所生产的酒瓶，被鞠爱军告上法庭。双方不但没有形成共赢的局面，还都为打官司而付出了金钱、时间等成本，而且，可能也会影响到公司的声誉和经营状况。

随着我国再制造产业的不断发展，再制造商与原制造商的利益冲突也会逐渐加剧，他们之间的知识产权冲突也逐渐显现。因此，本章提出研究再制造商和原制造商知识产权共享路径，即协调再制造商和原制造商之间的知识产权关系，促进双方在知识产权方面开展相关合作，使再制造商能够合法的使用废旧产品中含有的知识产权，推动再制造产业有序快速发展。主要包括三个方面的内容：研究废旧产品中含有的知识产权归属问题，明确原制造商和再制造商的知识产权权利与义务关系（4.2 节主要内容）；研究如何促进原制造商同意对再制造商进行知识产权许可和吸引再制造商从事再制造行为，使再制造产业能够实现快速发展（4.3 节主要内容）；研究如何促进再制造商同意向原制造商缴纳知识产权使用费，使再制造产业能够实现有序发展（4.4 节主要内容）。

4.2　废旧产品中含有的知识产权归属问题分析

再制造商和原制造商争执的焦点是废旧产品中含有的知识产权归属问题，即废旧产品中含有的知识产权是否仍然属于原制造商，这涉及再制造商从事再制造时，是否需要首先得到原制造商的知识产权许可。但我国相关法律法规还未对资源再利用过程中的知识产权问题进行明确界定，权利用尽原则如何适用于再制造产业的发展也未进行明确，导致再制造商和原制造商矛盾重重，双方各执一词，影响再制造产业的规范有序发展。学者闫文军等（2005）在研究中指出，应从法律、政策、经济、利益、环境等多个角度去考虑再制造行为是否侵权，并不单纯的是一个法律问题。因此，本节将从经济和法律两个角度对此问题进行探讨。

4.2.1 经济视角下的知识产权归属问题分析

知识产权具有一定经济特性，它本质上是知识产权权利人对其所利用智力成果创造的无形财产的一种所有权，已成为很多创新型企业获取经济利益的重要手段，但必须要通过"法定权利"来实现其经济价值，否则会被其他人所侵权，不但会损害权利人的经济利益，也会挫伤创新主体的积极性。随着我国知识产权法律法规的建立和不断完善，知识产权权利人在付出智力成果的同时不但获得了社会公众的认可和接受，也获得了一定的经济回报，激发他们创新的积极性。本节是从产业链的整体经济收益出发，研究废旧产品中含有的知识产权归属问题，即构建博弈模型，分别讨论废旧产品中含有的知识产权在属于原制造商和不属于原制造商的情形下，整个产业链的经济效益大小，进而讨论废旧产品中含有的知识产权归属问题。

1. 废旧产品中含有的知识产权属于原制造商时

当废旧产品中含有的知识产权属于原制造商时，原制造商的知识产权权利仍受到法律保护，废旧产品在被再制造时，需要得到原制造商的知识产权许可。再制造商通过销售再制造产品获得收益，原制造商通过收取再制造商的知识产权使用费来分享再制造收益。

假设：市场上一家原制造商和一家再制造商同时生产一种产品，再制造商每生产一单位的再制造产品需要向原制造商支付知识产权使用费 c，再制造商生产再制造产品产量为 q_2、生产成本为 c_1、价格为 p_2，原制造商生产新产品产量为 q_1、生产成本为 c_2，价格为 p_1。则在此种情形下：

原制造商的总收入 R_1 为：

$$R_1 = p_1 q_1 = cq_2 - q_1 c_2 \tag{4.1}$$

再制造商的总收入 R_2 为：

$$R_2 = p_2 q_2 - c q_2 - q_2 c_1 \qquad (4.2)$$

则原制造商和再制造商的总收入 R 为：

$$R = R_1 + R_2 = p_1 q_1 - q_1 c_2 + p_2 q_2 - q_2 c_1 \qquad (4.3)$$

2. 废旧产品中含有的知识产权不属于原制造商时

当废旧产品中含有的知识产权不属于原制造商时，废旧产品中含有的知识产权不再受法律保护，原制造商也没有权利要求再制造商交纳知识产权使用费。为了防止再制造商影响自己既有的市场份额，原制造商会通过提高原产品的技术难度等途径来阻止其他厂商对原产品的回收和再制造，这就需要增加研发成本。假设原制造商为了提高产品技术难度而为每单位产品增加的研发投入为 c_3，其他变量不变，此时原制造商没有知识产权许可使用费收入，其获得的收入 R'_1 为：

$$R'_1 = p_1 q_1 - q_1 c_2 - q_1 c_3 \qquad (4.4)$$

再制造商如果想继续从事再制造，为了克服原制造商所提高的技术难度，也需要增加研发投入，假设每单位产品研发投入增加 c_4，则其收入 R'_2 为：

$$R'_2 = p_2 q_2 - q_2 c_1 - q_2 c_4 \qquad (4.5)$$

则原制造商和再制造商的总收入 R' 为：

$$R' = R'_1 + R'_2 = p_1 q_1 + p_2 q_2 - q_2 c_1 - q_2 c_4 - q_1 c_2 - q_1 c_3 \qquad (4.6)$$

同时，当废旧产品中含有的知识产权不属于原制造商时，原制造商的知识产权利益得不到充分保障，原制造商不但要进行产品创新，还要增加对再制造商的"防御性"创新，大大增加了研发成本，会挫伤原制造商进行创新的积极性，不利于企业的长远发展，也不利于建设创新型国家目标的实现。

在这两种模式对比之下，很容易看出，$R > R'$，即废旧产品中含有的知识产权属于原制造商的经济性要优于不属于原制造商。因为在废旧产品中含有的知识产权不属于原制造商时，原制造商将部分资源投入到了对再制造商的防范上，再制造商将部分资源投入到了对原制造商技术攻克上，而这两方的资源消耗对经济社会创造的价值并不大。因此，从经济角度分析，废旧产品中含有的知识产权应仍属于原制造商，再制造商的再制造行为必须得到原制造商的知识产权许可，否则不利于产业的可持续发展。

4.2.2　法律视角下的知识产权归属问题分析

目前，我国对再制造侵权问题还没有明确的法律规定，在《中华人民共和国专利法》《中华人民共和国专利法实施细则》等中没有明确规定，但我国曾试图对此问题进行界定，即最高法院下发的《关于审理专利侵权纠纷案件若干问题的规定（会议讨论稿）》和北京市高级人民法院下发的《专利侵权判定若干问题的意见（试行）》都曾对此问题有所涉及，但上述两份会议讨论稿都不具有普遍的法律效力，但有一定的学术研究价值，我们对此进行简单分析。

2003 年 10 月最高法院下发的《关于审理专利侵权纠纷案件若干问题的规定（会议讨论稿）》第 27 条规定，组装专利产品、收集已售出的专利产品的零部件并重新组装成专利产品、为生产经营目的回收他人使用过的包装物外观设计专利产品用于包装自己的产品等都属于制造专利产品的行为，而且，专利产品的数量、质量等不影响对制造行为的认定。此规定一公布，就引起了部分学者的质疑，比如，"收集专利产品零部件组装专利产品"定义为"制造"，而按照我国《专利法》，在没有获得知识产权权利人授权的情况下进行制造，就会侵权，无疑这项规定对扩大了再制造的范围，因为，更换正常使用的产品零部件应该属于维修行为，并不属于再制造。最终，在 2009 年最高院颁布的《关于审理侵犯专利权纠纷案件应用法律若干问题的解释》删除了第 27 条规定。

2001 年 9 月北京市高级人民法院下发的《专利侵权判定若干问题的意见（试行）》第 113 条规定："制造该产品。指专利权利要求书中所记载的产品技术方案被实现，可以包括：（1）产品的数量、质量及制造方法不影响对制造行为的认定。（2）委托他人制造或者在产品上标明'监制'的视为参与制造。（3）将部件组装成专利产品的行为，属于制造。（4）对专利产品的部件进行更换性维修，或者对已过使用寿命的专利产品进行维修行为属于制造。"这其中对制造也进行了界定，但也有需要进一步明确的地方，比如第（4）条中的"更换性维修"如何来界定，"更换性维修"的标准是什么，是否是所有的零部件更换都属于更换性维修。

在这里我们不对法律法规中的内容做更深入的探讨，也不属于我们的研究范围，但我们可以进行一定的学术研究。通过我国相关法律法规对"制造"的界定可以发现，我国也在探索区分维修与再制造的标准，即倾向于区分维修与再制造行为，也就是说，我国法律倾向于认为维修属于法律许可的行为，而再制造涉及侵犯他人知识产权权利。但维修与再制造具有一定的连续性，界限很难划分，而我国正处于再制造产业发展的初级阶段，在相关法律法规中还未作出明确的规定和制定细致的准则。

通过经济和法律两个角度的研究可以看出，废旧产品中含有的知识产权应属于原制造商，再制造商要想利用含有知识产权保护的废旧产品或零部件进行再制造，则必须要获得原制造商的知识产权许可。我国是成文法国家，因此，必须在相关法律法规中明确原制造商和再制造商的知识产权权利，明确再制造侵权纠纷案件的审判原则、审判技巧等。

4.3　原制造商对再制造商进行知识产权许可的博弈分析

出于市场份额被侵占等方面的因素，原制造商可能不同意对再制造商进行知识产权许可。本节主要运用博弈论构建不完全信息条件下的扩展型博弈树，分析如何提高原制造商同意对再制造商进行知识产权许可的意愿和再制造商同意从事再制造的意愿，促进再制造产业实现快速发展。

4.3.1　问题描述与研究假设

市场上只有一家原制造商和一家再制造商，双方信息不对称。原制造商的策略是对再制造商进行知识产权许可或不进行知识产权许可，再制造商的策略是从事再制造行为或不从事再制造行为。

假设，原制造商转让知识产权获得使用费为 r_y，为转让知识产权所做工作的投入成本为 c_y。如果原制造商不同意进行知识产权许可而再制造商强行生产再制品，原制造商肯定会对再制造商进行积极维权（不考虑不维权的情形），需要付出的维权成本为 c_{yy}（包括为此付出的人工成本、费用等）；而且，原制造商在付出了维权成本 c_{yy} 之后，肯定能够监管到再制造商的侵权行为并给予再制造商以侵权惩罚，其中，r_y、c_y、$c_{yy} \geqslant 0$。p 代表原制造商同意对再制造商进行知识产权许可的可能性，$p \in [0,1]$，p 越大代表原制造商越同意对再制造商进行知识产权许可；特殊的，当 $p=0$ 时，原制造不同意对再制造商进行许可；当 $p=1$ 时，原制造商完全同意对再制造商进行知识产权许可。

再制造商从事再制造所获得的收益为 r_z，再制造成本为 c_z，如果不从事再制造，则收益为零。在原制造商不同意进行知识产权许可的情况下，再制造商从事侵权再制造，会被原制造商维权，不仅其获得的收益 r_z 会被原制造商追回，还会被处以 x 的侵权惩罚；同时，其信誉损失为 t。其中，r_z，c_z，$c_{zz} \geqslant 0$，$r_z > r_y$，即再制造商所获得再制造收益要大于知识产权使用费，否则再制造商也不会进行再制造。q 代表再制造商会进入再制造产业的可能性，$q \in [0,1]$，q 越大表示再制造商越倾向于从事再制造；特殊的，当 $q = 0$ 时，再制造商不会从事再制造；当 $q = 1$ 时，再制造商肯定会从事再制造。

从以上分析可知，原制造商和再制造商之间属于混合策略博弈，双方都有一组混合策略。原制造商的混合策略 $V_1 = [v_{11}(\text{同意许可}), v_{12}(\text{不同意许可})]$，根据前文假设可知，其概率分布为 $P_1 = (p, 1-p)$，其中 $0 \leqslant p \leqslant 1$。再制造商的混合策略为 $V_2 = [v_{21}(\text{从事再制造}), v_{22}(\text{不从事再制造})]$，根据前文假设，其概率分布为 $P_2 = (q, 1-q)$，其中 $0 \leqslant q \leqslant 1$。

4.3.2　模型建立

再制造商和原制造商都以追求利益最大化为目标。原制造商会根据其期望收益决定是否对再制造商进行知识产权许可；再制造商会根据其期望收益来决定是否从事再制造行为，乃至于是否从事侵权再制造。如图 4.1 所示。

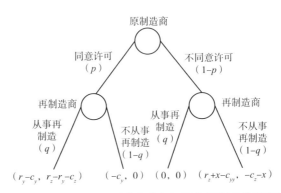

图 4.1　原制造商对再制造商进行知识产权许可的博弈树

当原制造商同意对再制造商进行知识产权许可时，如果再制造商从事再制造行为并向原制造商支付知识产权使用费，则原制造商收益为 $r_y - c_y$，再制造商的收益为 $r_z - r_y - c_z$；如果再制造商不从事再制造行为，则原制造商会损失其为转让知识产权所付出的成本 c_y，而再制造商的收益为 0。当原制造商不同意对再制造商进行知识产权授权时，如果再制造商进行侵权再制造，则原制造会对再制造商进行维权，获得的收益为 $r_z + x - c_{yy}$，再制造商会损失再制造成本和原制造商的侵权补偿 $-c_z - x - t$；如果再制造商不进行侵权再制造，则两者的收益都为 0。具体收益如表 4.1 所示。

表 4.1 原制造商和再制造商收益矩阵

		再制造商	
		从事再制造 q	不从事再制造 $1-q$
原制造商	同意许可 p	$r_y - c_y$；$r_z - r_y - c_z$	$-c_y$；0
	不同意许可 $1-p$	$r_z + x - c_{yy}$；$-c_z - x - t$	0；0

当原制造商选择同意对再制造商进行知识产权许可的纯策略时，其期望收益函数 u_{11} 为：

$$u_{11} = (r_y - c_y)q - c_y(1-q) = r_y q - c_y \tag{4.7}$$

当原制造商选择不同意对再制造商进行知识产权许可的纯策略时，其期望收益函数 u_{12} 为：

$$u_{12} = (r_z + x - c_{yy})q - 0^*(1-q) = (r_z + x - c_{yy})q \tag{4.8}$$

由以上可知，当原制造商选择混合策略 $P_1 = (p, 1-p)$ 时，其期望收益函数为：

$$\begin{aligned}\pi_1 &= u_{11} + u_{21} \\ &= (r_y q - c_y - r_z q - xq + c_{yy}q)p + (r_z + x - c_{yy})q\end{aligned} \tag{4.9}$$

当再制造商选择从事再制造行为的纯策略时，其期望收益函数 u_{21} 为：

$$u_{21} = (r_z - r_y + x + t)p - (c_z + x + t) \tag{4.10}$$

当再制造商选择不从事再制造行为的纯策略时，其期望收益函数 u_{22} 为：

$$u_{22} = 0^*p + 0^*(1-p) \tag{4.11}$$

由以上可知，当再制造商选择混合策略 $P_1 = (q, 1-q)$ 时，其期望收益函数为：

$$\pi_2 = u_{21} + u_{22} = (r_z - r_y + x + t)pq - (c_z + x + t)q \tag{4.12}$$

式（4.9）、式（4.12）分别对 p、q 求导，可得：

$$\frac{\partial \pi_1}{\partial p} = qr_y - c_y - r_z q - xq + c_{yy}q = 0 \tag{4.13}$$

$$\frac{\partial \pi_2}{\partial q} = (r_z - r_y + x + t)p - (c_z + x + t) = 0 \tag{4.14}$$

可得：

$$q^* = \frac{c_y}{r_y - r_z - x + c_{yy}} \tag{4.15}$$

$$P_2^* = \left[\frac{c_y}{r_y - r_z - x + c_{yy}}, \frac{r_y - r_z - x + c_{yy} - c_y}{r_y - r_z - x + c_{yy}} \right] \tag{4.16}$$

可以得到，原制造商和再制造商的混合策略纳什均衡 $P^* = (P_1^*, P_2^*)$：

$$P_1^* = \left[\frac{c_z + x + t}{r_z - r_y + x + t}, \frac{r_z - r_y - c_z}{r_z - r_y + x + t} \right] \tag{4.17}$$

$$P_2^* = \left[\frac{c_y}{r_y - r_z - x + c_{yy}}, \frac{r_y - r_z - x + c_{yy} - c_y}{r_y - r_z - x + c_{yy}} \right] \tag{4.18}$$

通过对以上分析可知：对于原制造商而言，当再制造商从事再制造行为的可能性 $q^* > \dfrac{c_y}{r_y - r_z - x + c_{yy}}$ 时，原制造商才会同意对再制造商进行知识产权许可；当再制造商从事再制造的可能性 $q^* < \dfrac{c_y}{r_y - r_z - x + c_{yy}}$ 时，原制造商对再制造商进行授权的可能性会降低；当再制造商进入再制造的可能性 $q^* = \dfrac{c_y}{r_y - r_z - x + c_{yy}}$ 时，原制造商同意或不同意对再制造商进行知识产权授权是同样的效果。同样，当原制造商对再制造商进行知识产权授权的可能性 $p^* > \dfrac{c_z + x + t}{r_z - r_y + x + t}$ 时，再制造商才会积极从事再制造行为；当原制造商对再制造商进行知识产权授权的可能性 $p^* < \dfrac{c_z + x + t}{r_z - r_y + x + t}$ 时，再制造商不会从事再制造行为，当 $p^* = \dfrac{c_z + x + t}{r_z - r_y + x + t}$ 时，再制造商是否从事再制造的选择倾向不明显。

根据以上分析，可得出原制造商和再制造商策略的反映函数及其纳什均衡：

$$p = \begin{cases} 0 & \text{当 } q < \dfrac{c_y}{r_y - r_z - x + c_{yy}} \text{时} \\[3mm] (0,1) & \text{当 } q = \dfrac{c_y}{r_y - r_z - x + c_{yy}} \text{时} \\[3mm] 1 & \text{当 } q > \dfrac{c_y}{r_y - r_z - x + c_{yy}} \text{时} \end{cases} \quad (4.19)$$

$$q = \begin{cases} 0 & \text{当 } p < \dfrac{c_z + x + t}{r_z - r_y + x + t} \text{时} \\[3mm] (0,1) & \text{当 } p = \dfrac{c_z + x + t}{r_z - r_y + x + t} \text{时} \\[3mm] 1 & \text{当 } p > \dfrac{c_z + x + t}{r_z - r_y + x + t} \text{时} \end{cases} \quad (4.20)$$

4.3.3　模型分析

1. 原制造商对再制造商进行知识产权许可的可能性分析

由上述分析结果可知，当 $\dfrac{c_y}{r_y - r_z - x + c_{yy}}$ 越小时，原制造商对再制造商进行许可的可能性就越大；反之，则可能性越小。根据分子越大、分母越小，分式越大；反之，则分式越小，结合研究假设可知：

（1）原制造商同意对再制造商进行知识产权许可的可能性，与原制造商转让知识产权获得的使用费和原制造商在面对侵权再制造时所付出的维权成本正相关。知识产权使用费越高，原制造商的收益会越大，则其越会同意对再制造商进行知识产权许可；如果原制造商对侵权再制造的维权成本过高，为了防止再制造商进行侵权再制造，而同意对再制造商进行知识产权许可。

（2）原制造商同意对再制造商进行知识产权许可的可能性，与再制造商侵权被发现后的侵权惩罚、原制造商为转让知识产权所做工作的投入负相关。再制造商侵权被发现后的侵权惩罚越高，意味着当再制造商进行侵权再制造时，一旦被发现，原制造商会获得较高的侵权补偿，而再制造商也会为此付出很高的代价，在此情况下，原制造商对再制造商进行授权的可能性会降低。如果原制造商为了对再制造商进行知识产权授权，其所花费的成本较低甚至没有其他成本，则原制造商对再制造商进行知识产权许可的可能性就会提高；反之，如果需要花费的成本过高，其对再制造商进行知识产权许可的可能性就会降低。

2. 再制造商从事再制造的可能性分析

由上述分析结果可知，当 $\dfrac{c_z + x + t}{r_z - r_y + x + t}$ 越小时，再制造商从事再制造行为的可能性就越大；反之，则可能性越小。结合研究假设可知：

（1）再制造商从事再制造的可能性，与再制造成本、再制造商侵权被发现后的侵权惩罚、再制造商侵权被发现后的信誉损失、原制造商转让知识产权获得使用费负相关。相对而言，再制造成本越高，再制造商的收益就越小，其进行再制造的可能性就越小；再制造商侵权被发现后的侵权补偿和信誉损失越高，再制造商从事侵权再制造的代价就越高，进行再制造的可能性就越小；原制造商对再制造商进行许可的知识产权使用费越高，再制造商的生产成本就越高，其进行再制造的可能性就越小。

（2）再制造商从事再制造的可能性与再制造商从事再制造所获得的收益正相关。如果再制造商从事再制造所获得的收益越高，其进行再制造的积极性就越高，从事再制造的可能性就越大。

4.4　再制造商向原制造商缴纳知识产权使用费的博弈分析

在 4.2 节和 4.3 节的研究背景下，明确了废旧产品和零部件中含有的知识产权属于原制造商，原制造商同意对再制造商进行知识产权许可，再制造商愿意从事再制造行为。但是，再制造商并不一定愿意向原制造商缴纳知识产权使用费，有可能会在不经过原制造商同意的情况下进行侵权再制造。因而，本节即构建再制造商向原制造商缴纳知识产权使用费的博弈分析，分析如何提高再制造商向原制造商缴纳知识产权使用费的意愿，促进再制造产业实现规范有序发展。

4.4.1　问题描述与研究假设

在前面章节的研究背景下，原制造商同意向再制造商进行知识产权许可，再制造商也愿意从事再制造。下面需要研究的问题是再制造产业如何实现规范有序发展。再制造商在从事再制造时，必须要向原制造商缴纳知识产权使用费，《中华人民共和国专利法》第十二条规定：任何单位或者个人实施他人专利的，应当与专利权人订立实施许可合同，向专利权人支付专利使用费。但是，再制造商出于经济利益等方面的考虑，可能会在不经过原制造商许可的前提下进行侵权再制造，破坏了市场竞争秩序，也不利于再制造产业的可持续发展。

因而，再制造商在从事再制造行为时有两种策略可供选择，向原制造商缴纳知识产权使用费和不缴纳知识产权使用费，即合法再制造和侵权再制造。然后，原制造商也有两种策略可供选择，对再制造商的再制造行为采取积极维权的态度和消极维权的态度，如果原制造商采取积极维权的态度，则肯定能够发现再制造商的侵权再制造行为，如果原制造商采取消极的维权态度，则不会监测到再制造商的侵权再制造行为。

研究假设继续采用 4.3 节的研究假设。同时，假设如果再制造商侵权而未被发现，会给原制造商带来市场风险 f，包括再制造商侵占的原制造商市场份额损失、侵权产品给原制造产品带来的信誉风险等。

4.4.2　模型建立

再制造商和原制造商作为独立的市场经济主体，以追求利润最大化为目标。在原制造商同意对再制造商进行知识产权许可和再制造商愿意从事再制造的背景下，再制造商根据其期望收益决定是否向原制造商缴纳知识产权使用费，即进行合法再制造还是侵权再制造；原制造商根据其期望收益决定对再制造商进行积极维权还是消极维权。如图 4.2 所示。

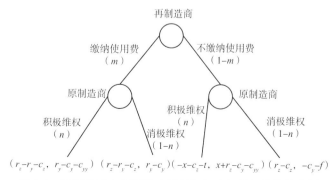

图 4.2　再制造商向原制造商缴纳知识产权使用费的博弈树

当再制造商向原制造商缴纳知识产权使用费时，如果原制造商进行积极维权，再制造的收益是 $r_z - r_y - c_z$，原制造商的收益是 $r_y - c_y - c_{yy}$；如果原制造商消极维权，再制造商的收益是 $r_z - r_y - c_z$，原制造商的收益是 $r_y - c_y$。当再制造商不向原制造商缴纳知识产权使用费时，如果原制造商进行积极维权，再制造商的收益是 $-x - c_z - t$，原制造商的收益是 $x + r_z - c_y - c_{yy}$；如果原制造商消极维权，再制造商的收益是 $r_z - c_z$，原制造商的收益是 $-c_y - f$。收益如表 4.2 所示。

表 4.2　　　　　　　　　　　原制造商和再制造商收益矩阵

		原制造商	
		积极维权（n）	消极维权（1−n）
再制造商	缴纳使用费（m）	$r_z - r_y - c_z$；$r_y - c_y - c_{yy}$	$r_z - r_y - c_z$；$r_y - c_y$
	不缴纳使用费（1−m）	$-x - c_z - t$；$x + r_z - c_y - c_{yy}$	$r_z - c_z$；$-c_y - f$

当再制造商选择向原制造商缴纳知识产权使用费的纯策略时，其期望效用函数为：

$$w_{11} = (r_z - r_y - c_z)n + r_z - r_y - c_z(1-n) = r_z - r_y - c_z \qquad (4.21)$$

当再制造商选择不向原制造商缴纳知识产权使用费的纯策略时，其期望效用函数为：

$$w_{12} = (-x - c_z - t)n + (r_z - c_z)(1-n) = (-x - t - r_z)n + (r_z - c_z)$$
$$\qquad (4.22)$$

所以，当再制造商选择混合策略 $P_1(m, 1-m)$ 时，其期望效用函数为：

$$\begin{aligned} R_1 &= w_{11}m + w_{12}(1-m) \\ &= (-x - t - r_z)n + (x + t + r_z)nm + (r_z - c_z) - r_y m \end{aligned}$$
$$\qquad (4.23)$$

当原制造商选择积极维权的纯策略时，其期望效用函数为：

$$\begin{aligned} w_{21} &= (r_y - c_y - c_{yy})m + (x + r_z - c_y - c_{yy})(1-m) \\ &= (r_y - x - r_z)m + (x + r_z - c_y - c_{yy}) \end{aligned} \qquad (4.24)$$

当原制造商选择消极维权的纯策略时，其期望效用函数为：

$$\begin{aligned} w_{22} &= (r_y - c_y)m + (-c_y - f)(1-m) \\ &= (r_y + f)m - (c_y + f) \end{aligned} \qquad (4.25)$$

所以，当原制造商选择纯策略 $P_1(n, 1-n)$ 时，原制造商的效用函数为：

$$R_2 = w_{21}n + w_{22}(1-n)$$
$$= (-x - r_z - f)mn + (x + r_z - r_{yy} + f)n + (r_y + f)m - (c_y + f) \quad (4.26)$$

运用一阶微分求导：

$$\frac{\partial R_1}{\partial m} = (x + t + r_z)n - r_y = 0 \quad (4.27)$$

$$\frac{\partial R_2}{\partial n} = (-x - r_z - f)m + (x + r_z - c_{yy} + f) = 0 \quad (4.28)$$

可得：

$$n\frac{r_y}{x + t + r_z} \quad (4.29)$$

$$m = 1 - \frac{c_{yy}}{x + r_z + f} \quad (4.30)$$

从而得到再制造商与原制造商的混合策略纳什均衡：

再制造商均衡策略：$\left[1 - \dfrac{c_{yy}}{x + r_z + f}, \dfrac{c_{yy}}{x + r_z + f}\right]$

原制造商均衡策略：$\left[\dfrac{r_y}{x + t + r_z}, \dfrac{x + t + r_z - r_y}{x + t + r_z}\right]$

对于再制造商而言，当原制造商积极维权的意愿 $n^* > \dfrac{r_y}{x + t + r_z}$ 时，再制造商会愿意积极缴纳知识产权使用费，当 $n^* = \dfrac{r_y}{x + t + r_z}$ 时，再制造商缴纳知识产权使用费的意愿会降低，当 $n^* = \dfrac{r_y}{x + t + r_z}$ 时，再制造商对是否缴纳知识产权使用费的倾向性不明显。对于原制造商而言，当再制造商缴纳知识产权使用费的意愿 $m^* < 1 - \dfrac{c_{yy}}{x + r_z + f}$ 时，原制造商的最优策略为积极维权；当 $m^* > 1 - \dfrac{c_{yy}}{x + r_z + f}$ 时，原制造商倾向于消极维权，当 $m^* = 1 - \dfrac{c_{yy}}{x + r_z + f}$ 时，原制造商对积极维权和消极维权的选择倾向性不明显。通过以上分析可以发现，原制造商和再制造最优策略的选择都是以"猜测"对方行为为前提的。

根据以上分析，可得出原制造商和再制造商最优策略的反映函数及其纳什均衡：

$$m = \begin{cases} 1 & \text{当 } n < \dfrac{r_y}{x+t+r_z} \text{时} \\[3mm] (0,1) & \text{当 } n = \dfrac{r_y}{x+t+r_z} \text{时} \\[3mm] 0 & \text{当 } n > \dfrac{r_y}{x+t+r_z} \text{时} \end{cases} \qquad (4.31)$$

$$n = \begin{cases} 1 & \text{当 } m < 1 - \dfrac{c_{yy}}{x+r_z+f} \text{时} \\[3mm] (0,1) & \text{当 } m = 1 - \dfrac{c_{yy}}{x+r_z+f} \text{时} \\[3mm] 0 & \text{当 } m > 1 - \dfrac{c_{yy}}{x+r_z+f} \text{时} \end{cases} \qquad (4.32)$$

4.4.3　模型分析

本节主要是对再制造商缴纳知识产权使用费的影响因素进行分析。由研究结论可知，当 $\dfrac{r_y}{x+t+r_z}$ 越小时，再制造商缴纳知识产权使用费的意愿越高；反之，则意愿越低。根据分子越大、分母越小，分式越大；反之，则分式越小，结合研究假设可知：

再制造商缴纳知识产权使用费的意愿，与再制造商从事再制造所获得的收益、再制造商侵权被发现后的侵权惩罚、再制造商侵权行为被发现后的信誉损失风险正相关。当再制造商从事再制造的收益较低时，其缴纳知识产权使用费的积极性就不高，但积极性会随着其收入的增加而提高；当政府规定的再制造商侵权被发现后的侵权惩罚较高时，再制造商会出于机会成本的考虑而更愿意缴纳知识产权使用费；当再制造商侵权行为被发现后的信誉损失风险较大时，再制造商也更愿意缴纳知识产权使用费。这启示我们要不断提高社会公众的知识产权保护意识，当侵权行为成为全社会的众矢之的之时，再制造商的侵权行为被发现后的信誉损失 t 就会越大，再制造商进行侵权再制造的意愿会大大降低。

再制造商缴纳知识产权使用费的意愿与知识产权使用费负相关。显然，当原制造商收取的知识产权使用费越高时，再制造商越不愿意缴纳知

识产权使用费，当知识产权使用费降低时，再制造商缴纳知识产权使用费
的意愿会提高。

4.5　再制造商和原制造商知识产权共享路径

1. 知识产权共享路径

我国再制造产业处于发展的初级阶段，再制造产业知识产权运用相关
的法律法规制度尚不完善，再制造商和原制造商对废旧产品中含有的知识
产权存归属问题在一定争议，双方之间权利和义务关系尚不明确。经过本
章研究，建议明确和完善再制造商和原制造商之间的知识产权共享路径，
如图 4.3 所示。

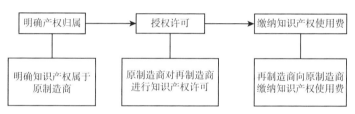

图 4.3　原制造商和再制造商知识产权共享路径

第一步：明确产权归属。明确废旧产品中含有的知识产权权利属于原
制造商，本书4.2节从经济和法律两个层面研究得出，废旧产品或零部件
中含有的知识产权应属于原制造商，再制造商要从事再制造则必须要获得
原制造商的知识产权许可，否则被视为侵权行为，明确双方的权利和义务
关系。

第二步：知识产权许可。推动原制造商同意对再制造商进行知识产权
许可和再制造商愿意从事再制造行为，再制造产品必然会侵占原产品的部
分市场份额，原制造商从经济利益等方面考虑，可能会不同意对再制造商
进行知识产权许可，而再制造商也可能会由于经济等方面的考虑而不从事
再制造行为。根据4.3节研究结果，原制造商同意对再制造商进行知识产
权许可的可能性，与原制造商在面对侵权再制造时所付出的维权成本正相
关，与再制造商进行侵权再制造被发现时所需要缴纳的侵权补偿负相关；
再制造商从事再制造的可能性，与再制造商侵权被发现后的侵权补偿、再
制造商侵权被发现后的信誉损失负相关。较低的知识产权侵权惩罚成本和

侵权后的信誉损失及较高的维权成本，都是宽松的知识产权保护制度的体现，但却都是有利于推动原制造商同意对再制造商进行知识产权许可和再制造商从事再制造行为的。因此，在当前我国再制造产业发展的初级阶段，为了推动原制造商同意对再制造商进行知识产权许可和再制造商从事再制造行为，应该实行较为宽松的知识产权保护制度；同时，应该通过财政补贴、简化工作流程等方式，降低知识产权运用过程中的交易成本，减少原制造商为转让知识产权所做工作的投入。对再制造商而言，应尽可能降低再制造成本，增加再制造收入，进而能够向原制造商分享更多再制造收益。

第三步：缴纳知识产权使用费。推动再制造同意向原制造商缴纳知识产权使用费，如果再制造商不向原制造商缴纳知识产权使用费，就属于侵权再制造，不利于再制造产业的规范有序发展。根据 4.4 节研究结果，再制造商缴纳知识产权使用费的意愿，与再制造商侵权被发现后的侵权补偿、再制造商侵权行为被发现后的信誉损失风险正相关。较高的知识产权侵权惩罚成本、再制造商侵权被发现后的信誉损失，都是严格的知识产权保护制度的体现，而这些都是有利于推动再制造商同意向原制造商缴纳知识产权使用费的。因此，在再制造产业发展到一定阶段后，应实行严格的知识产权保护制度，督促再制造商向原制造商缴纳知识产权使用费，促进再制造产业规范有序发展。

总体来看，为了实现在制造商和原制造商的知识产权共享，应该制定动态的知识产权保护制度的原则。知识产权保护力度应该随着再制造产业的发展而不断加强，即在再制造产业发展的初级阶段，应该实行较为宽松的知识产权保护制度，为再制造商营造较为宽松的发展环境，促进再制造产业快速发展，随着再制造产业的进一步发展，逐渐加强对知识产权的保护力度，推动再制造产业规范有序发展。这也符合国外发展经验，例如，美国早在 1790 年就制定了著作权法，但由于美国当时的文体事业发展水平较低，所以美国当时就奉行较低的知识产权保护力度，而著作权法却随着美国的发展而不断完善，在 1831 年、1879 年、1912 年、1976 年、1998 年经过多次修改，著作权保护力度不断提高（徐家良，2013）。德国的制药工业是世界一流的，发展已较为完善，为了促进其发展，德国将制药专利保护期限由 20 年增加到 25 年，而对软件产业、商业方法等弱势产业，则采用较低的知识产权保护力度（隋文香，2008）。

2. 案例讨论

本章提出的知识产权共享路径不仅明确了废旧产品中含有的知识产权

归属问题，还为原制造商和再制造商之间实现正向协同效应提供理论与方法指导，为原制造商和再制造商实现知识产权共享创造条件，推动再制造产业有序快速发展。在共享路径的指导下，原制造商对再制造商进行知识产权许可，通过收取知识产权使用费分享市场收益；再制造商利用获得的知识产权许可生产再制造产品，通过销售再制造产品获得收益。此时，对双方都是有利的，而且还有力地推动了再制造产业有序快速发展，产生了"1＋1＞2"的正向协同效应。

回到 4.1 节所举的古贝春公司酒瓶侵权案中，如果知识产权人和再制造商能够对废旧产品中含有的知识产权实现共享，则必定是各方共赢的局面。在案件中，知识产权人鞠爱军如果同意向山东武城古贝春集团总公司进行酒瓶外观设计专利的许可，山东武城古贝春集团总公司就可以通过继续再生产酒瓶装酒进行销售来获得市场收益，而鞠爱军则可以通过收取山东武城古贝春集团总公司的知识产权使用费来分享经济收益，形成互利共赢的局面，而双方也不会有后来的法院两次审判，也不会付出打官司所需要的金钱、时间、人力等成本，甚至会影响到公司的声誉和经营状况。

就像古贝春公司酒瓶侵权案中，鞠爱军与山东银河酒业集团公司的关系一样，鞠爱军每年可以获得知识产权许可使用费，山东银河酒业集团公司可以利用酒瓶外观专利来生产酒瓶装酒销售，对双方都是有利的，而且还推动了再制造产业发展，高效地实现了对废旧产品的循环再利用，节约了资源，保护了生态环境。

4.6　本章小结

我国再制造产业知识产权运用相关的法律法规制度尚不完善，再制造商和原制造商对废旧产品中含有的知识产权归属问题存在一定争议，双方之间权利和义务关系尚不明确。本章对再制造和原制造商之间的知识产权共享路径进行了研究，主要研究内容和结论如下：

（1）从经济和法律两个视角分析得出，废旧产品中含有的知识产权应该属于原制造商，利用含有知识产权保护的废旧产品进行再制造则必须要得到原制造商的知识产权许可，否则被视为侵权行为。

（2）研究了如何促进原制造商同意对再制造商进行知识产权许可和促

进再制造商愿意从事再制造行为，推动再制造快速发展。研究结果显示：原制造商同意对再制造商进行知识产权许可的可能性，与原制造商转让知识产权获得的使用费和原制造商在面对侵权再制造时所付出的维权成本正相关，与再制造商侵权被发现后的侵权惩罚、原制造商为转让知识产权所做工作的投入负相关；再制造商从事再制造的可能性，与再制造成本、再制造商侵权被发现后的侵权惩罚、再制造商侵权被发现后的信誉损失、原制造商转让知识产权获得使用费负相关，与再制造商从事再制造所获得的收益正相关。

（3）研究了如何促进再制造商同意向原制造商缴纳知识产权使用费，促进再制造产业规范有序发展。结果显示：再制造商缴纳知识产权使用费的意愿，与再制造商从事再制造所获得的收益、再制造商侵权被发现后的侵权惩罚、再制造商侵权行为被发现后的信誉损失风险正相关，与知识产权使用费负相关。

（4）提出了再制造商和原制造商实现知识产权共享路径：首先，明确产权归属，即废旧产品中含有的知识产权权利属于原制造商；其次，知识产权许可，推动原制造商对再制造商进行知识产权许可和再制造商愿意从事再制造行为；最后，缴纳知识产权使用费，推动再制造向原制造商缴纳知识产权使用费。

第 5 章

再制造商和知识产权
服务商合作模式

　　再制造商要想进入再制造产业，必须首先获得原制造商的知识产权许可。而废旧产品及零部件或制造工艺中含有的知识产权可能属于不同的原制造商，因而，再制造商需要和不同的原制造商进行谈判来获得知识产权许可，如果谈判不成功则无法获得知识产权许可，也无法从事再制造。为了提高获得原制造商知识产权许可的效率和有效性，也为了将企业有限的资源投入到企业核心竞争优势上，部分再制造商会将知识产权许可谈判工作委托给专业的知识产权服务商，本章所指的再制造商即为将知识产权许可谈判工作委托给专业的知识产权服务商的再制造商，由知识产权服务商与不同的原制造商进行知识产权许可谈判。本章主要研究这部分再制造商和知识产权服务商的合作模式问题，运用博弈论探讨双方在不同市场条件下的合作模式及均衡策略问题。合作模式是再制造产业知识产权运用体系的重要组成部分，推动双方更好地开展合作，提高再制造商获得原制造商知识产权许可的效率和有效性。

5.1　问题提出

　　刘菊芳（2012）指出，知识产权服务业是提供知识产权"获权—用权—维权"相关服务，促进知识产权权利化、商用化、产业化，提高产业核心竞争力的新兴业态。知识产权服务业贯穿知识产权创造、运用、保护和管理各个环节，主要涉及六个方面的内容：知识产权信息服务、知识产权代理服务、知识产权法律服务、知识产权商用化服务、知识产权咨询服务和知识产权培训服务。时任国家知识产权局副局长甘绍宁指出，知识产权服务业在知识产权战略中具有重要的作用，知识产权价值评估、许可交易等服务能够有效地加速知识产权的商用化和产业化，使之转化为"真金白银"。

我国政府颁布一系列政策，推动和支持知识产权服务业的发展。2008年，《国家知识产权战略纲要》明确提出，要"提高专利公共服务水平"，"发展专利中介服务"；2010年5月，《关于当前推进高技术服务业发展有关工作的通知》中，把发展知识产权服务列为主要任务和工作重点；2011年10月，《国家知识产权事业发展"十二五"规划》中提出，要大力培育知识产权服务业；2011年12月，《关于加快发展高技术服务业的指导意见》中，重点任务和重点措施均主张大力发展知识产权服务业，促进知识产权服务与科技经济发展深度融合，为科技创新水平提升和经济发展效益显著改善提供支撑；2012年11月，《关于加快培育和发展知识产权服务业的指导意见》，明确了知识产权服务业发展目标、发展重点领域、主要任务等内容；2012年12月，颁布《关于鼓励和引导民间投资促进知识产权服务业发展的指导意见》，进一步鼓励和引导民间投资，积极推动知识产权服务业发展，培育民间投资的知识产权服务机构；2014年12月，颁布《关于知识产权服务标准体系建设的指导意见》，提出到2017年，初步建立知识产权服务标准体系，制定一批知识产权服务标准，创建与培育一批知识产权服务标准化示范区和示范机构等；2015年12月，国务院颁布《国务院关于新形势下加快知识产权强国建设的若干意见》，要放宽知识产权服务业准入，加快建设知识产权服务业集聚区。

国内外已经涌现出了很多专业的知识产权服务公司。美国知识产权服务业以促进技术的转移为核心取得了快速发展，出现了很多专业的知识产权服务公司，如美国知识风险公司（Intellectual Ventures，IV）是知识产权持有和运营的专业公司，创造出不同的商业模式和方式对专利等进行市场化的运作，目前，IV拥有1万多个专利家族，它购买的专利已经产生10多亿美元的知识产权许可收入；美国Sughrue Mion PLLC律师事务所中具有商业背景的律师，可以深入产品设计生产过程和公司运作过程之中，根据公司商业运作过程的价值，向客户提供知识产权许可等"一站式"解决方案（徐棣枫，2013）；再比如，我国的上海新净信知识产权服务股份有限公司，成立于2009年，总部位于上海，目前在北京、广州、杭州等地设立有分支机构，业务聚焦于知识产权服务的保护维权服务领域，以"强化知识产权保护，促进知识产权运用"为指导理念，根据客户需要提供知识产权许可服务、专利许可谈判服务、专利再许可与分许可服务等。

发展知识产权服务外包有利于提高再制造商获得知识产权许可的效率和有效性。在完善的知识产权保护制度下，再制造商在从事再制造前，需要获得不同原制造商的知识产权许可，因为一件产品中的知识产权可能属于不同的知识产权主体，否则被视为侵权，再制造商和每一家原制造商进行谈判未必是最佳选择，而且，评估、谈判与签约环节是知识产权运用过程中最关键的一环，甚至影响着知识产权运用的成败。一方面，为了获得不同知识产权许可，再制造商需要投入巨大的人财物力同众多原制造商进行知识产权许可谈判，将是一个庞大的系统工程，由于缺乏专业性，再制造商同原制造商进行知识产权许可谈判的工作效率低，而且，也未必能够和每一家原制造商达成知识产权许可协议，而只要有一家原制造商不同意进行知识和产权许可，再制造商就无法进行合法再制造；另一方面，进行知识产权许可谈判，并不是再制造商的核心和专长业务，其可以将此项业务进行服务外包，委托专业的知识产权服务商负责与原制造商进行知识产权许可谈判，而自己将更多的时间和精力投入到再制造技术创新等核心业务中，通过专业化分工优化资源配置。而且，通过专业的知识产权服务机构，可以显著提高再制造商获得知识产权许可的效率和有效性，例如，深圳市中彩联科技有限公司（简称"中彩联"）是一家专门应对国际专利保护和集体谈判的服务性企业，通过中彩联与国外专利权人的谈判，使"中彩联"各股东企业的专利使用费从每台约 41 美元降低到 20 美元以下，保障了我国彩电行业的健康发展。

因此，本书在 1.2 节界定，本书中所指的再制造商会将与原制造商进行知识产权许可谈判的工作委托给知识产权服务公司。由以上分析可知，这种模式不仅有价值的，也是可行的，已经有专业的知识产权服务公司为客户提供许可谈判等服务，提高知识产权许可的效率和有效性。进而需要研究再制造商和知识产权服务商的合作模式，推动双方更好地开展合作。

5.2　再制造商和知识产权服务商合作的博弈分析

再制造商和知识产权服务商作为独立的市场经济主体，以追求利益最大化为目标。在双方合作中，再制造商会从自身利益角度考虑采用何种模式与知识产权服务商进行合作，而知识产权服务商也从会自身利益考虑如何与再制造商进行合作。本节即通过构建博弈模型，分析再制造商和知识产权服务商在不同市场条件下的合作模式及均衡策略问题。

5.2.1　问题描述与研究假设

假设市场上有一家再制造商计划进行某类产品的再制造，其在进行再制造前，首先要从原制造商手中获得知识产权许可，为了提高获得知识产权许可的效率和有效性，再制造商将与原制造商的知识产权许可谈判工作委托给专业的知识产权服务服务商，自己负责废旧产品的拆解、清洗、检测及再制造产品的研发、生产、销售等环节。再制造商和知识产权服务商作为独立的市场经济主体，以追求利润最大化为目标，因此，再制造商要选择一种与知识产权服务商进行合作的模式，包括雇佣制、合伙制、现金混合制和非现金混合制，知识产权服务商也会在各种合作模式下选择不同的投入策略。

假设该再制造商计划研发生产的再制造产品的市场预期收益为 m，知识产权服务商需要投入成本为 $2D$；再制造商负责技术研发、市场开发等，需要投入的成本为 $(n-2)D$。在雇佣制模式下，再制造商需要预先支付费用 D 给知识产权服务商作为定金，知识产权许可获取成功后，再向知识产权服务商支付费用 $B-D$，若知识产权许可获取失败后则不支付（即在雇佣制模式中，知识产权许可获取成功，再制造商向知识产权服务商总共支付费用 B，若失败了则只支付当时的定金 D）；在合伙制模式中，分别以双方各自的投入成本为股本进行按比例[即 $(n-2):2$]分配市场收益；在现金混合制模式中，再制造商需要事前向知识产权服务商预支定金 D，双方仍按 $(n-2):2$ 的比例分配市场收益；在非现金混合制模式中，再制造商需要事前向知识产权服务商提供非现金资源支持，协助知识产权许可谈判工作，事后双方按 $(n-2):2$ 的比例分配市场收益（黄波，2009）。

由于存在信息不对称现象，再制造商无法完全监管知识产权服务商的行为，所以知识产权服务商可能会存在投机行为，进而影响到知识产权许可权获得的效率及能否获得知识产权许可。也就是说，知识产权服务商为了实现自身利益最大化，有可能会不按照事前约定的 $2D$ 投入工作，假设其从 0、D 和 $2D$ 中选择投入量，当知识产权服务商投入为 0 时，成功获得知识产权许可的概率是 0；当投入为 D 时，成功获得知识产权许可的概率

是 P_1；投入为 $2D$ 时，成功获得知识产权许可的概率是 P_2，其中，$0 < P_1 < P_2 \leqslant 1$。

综合来看，在再制造商和知识产权服务商的合作中，再制造商处于合作的主导地位，有权决定与知识产权服务商采用哪种合作模式，知识产权服务商则有权决定是否与再制造商合作，如果合作，其再从 0、D 和 $2D$ 中选择合作策略。

5.2.2　模型建立

根据前文研究内容，再制造商和知识产权服务商的合作模式主要包括雇佣制、合伙制、现金混合制和非现金混合制，本节主要分析再制造商和知识产权服务商在不同合作模式下的投资与收益情况，确定不同合作模式下的双方均衡策略。

1. 雇佣制模式

根据 5.2.1 节研究假设，再制造商与知识产权服务商采用雇佣制模式合作时，双方投资收益如表 5.1 所示。

表 5.1　　　　　　　　　　雇佣制模式下双方收益矩阵

		知识产权服务商		
		0	D	$2D$
再制造商	不合作	$(0,\ 0)$	$(0,\ 0)$	$(0,\ 0)$
	合作	$(-D,\ D)$	$P_1[m-(n-3)D-B]-D,$ $P_1(B-D)$	$P_2[m-(n-3)D-B]-D,$ $P_2(B-D)-D$

为了研究需要，假设：$M_1 = \max\{2D/p_2, D/(p_2-p_1)\} + (n-2)D + D/p_2$，$M_2 = (n-2)D + 2D/p_1$，据此，我们可以得出不同条件下的再制造商和知识产权服务商的均衡策略。

（1）当 $m \geqslant M_1$ 时。

当 $m \geqslant M_1$ 时，再制造商的收益为非负，愿意同知识产权服务商进行合作；知识产权服务商在投入 $2D$ 时的收益最大，因而其愿意投入 $2D$ 来与再制造商进行合作。所以，再制造商和知识产权服务商的均衡策略为（合作，$2D$），且 $B = \max\{2D/P_2, D/(P_2-P_1)\} + D$。

此时，$\frac{\partial B}{\partial P_1} > 0$，$\frac{\partial B}{\partial P_2} > 0$，即函数 B 是 P_1 的严格单调递增函数，是 P_2 的严格单调递减函数，即在（合作，$2D$）均衡策略下，再制造商向知识产权服务商支付的总费用 B，随着知识产权服务商投入 D 时的成功概率 P_1 的提高而增加，随着知识产权服务商投入 $2D$ 时的成功概率 P_2 的降低而增加。为了降低投入成本，当知识产权服务商投入 D 的成功概率 P_1 提高时，其投入 D 的意愿就会增加，但这有损再制造商的利益，因为知识产权服务商投入 $2D$ 时再制造商收益要大于知识产权服务商投入 D 时的收益，所以，再制造商会提高支付费用 B，来激励知识产权服务商投入 $2D$；当知识产权服务商投入 $2D$ 的成功概率 P_2 提高时，其投入 $2D$ 意愿会提高，而再制造商则会减少支付费用 B 来增加自己的收入。

（2）$M_2 \leqslant m < M_1$ 时。

当 $M_2 \leqslant m < M_1$ 时，再制造商的收益为非负，愿意同知识产权服务商进行合作；知识产权服务商投入 D 时的收益要大于投入 $2D$ 或 0 时的收益。所以，再制造商和知识产权服务商的均衡策略为（合作，D），且 $B = D(1 + 1/P_1)$。

此时，$\frac{\partial B}{\partial P_1}$，即函数 B 是 P_1 的严格单调递减函数，即在（合作，D）均衡策略下，再制造商向知识产权服务商支付的总费用 B，随着知识产权服务商投入 D 时的成功概率 P_1 的降低而增加。因为，当知识产权服务商投入 D 的成功概率 P_1 提高时，其投入 D 的概率会提高，而再制造商则会减少支付费用 B 来增加自己的收入。

（3）$m < \min\{M_1, M_2\}$ 时。

当 $m < \min\{M_1, M_2\}$ 时，再制造商的收益为负，知识产权服务商投入 0 时的收益要大于投入 D 或 $2D$ 时的收益，所以，再制造商和知识产权服务商的均衡策略为（不合作，0），双方不进行合作。

分析可知，再制造商的收益在知识产权服务商投入 $2D$ 时最大，因此，其期望知识产权服务商会投入 $2D$ 来与原制造商进行知识产权许可谈判，也会通过增加总费用 B 来促使知识产权服务商投入 $2D$，从而达到均衡策略（合作，$2D$）。当总费用 B 降低，且仍能使再制造商的利润为非负而知识产权服务商投入 D 时的收益大于投入支出，再制造商和知识产权服务商仍会继续合作，均衡策略为（合作，D）。当支付费用 B 降低到使知识产权服务商的收入小于成本或再制造商收益为负时，则再制造商和知识产权服务商不会进行合作。同时，不同情况下再制造商愿意向知识产权服务商

支付的总费用 B 会随着外部条件的变化而变化。

2. 合伙制模式

根据 5.2.1 节研究假设，再制造商与知识产权服务商采用合伙制模式合作时，双方投资收益如表 5.2 所示。

表 5.2　合伙制模式下双方收益矩阵

		知识产权服务商		
		0	D	$2D$
再制造商	不合作	(0, 0)	(0, 0)	(0, 0)
	合作	(0, 0)	$P_1[(n-2)m/n-(n-2)D]$, $2P_1m/n-D$	$P_2[(n-2)m/n-(n-2)D]$, $2P_2m/n-2D$

合伙制模式下，知识产权服务商的收益受市场和其投入策略的影响，再制造商无法如雇佣制模式那样通过改变支付费用控制知识产权服务商投入策略。因此，合伙制模式下，知识产权服务商将根据市场收益选择其投入策略，而再制造商则根据知识产权服务商投入策略选择是否进行合作。

假设：$M_3 = \max\{nD/P_2, nD/[2(P_2-P_1)]\}$，$M_4 = \max\{nD, nD/2P_1\}$，$M_5 = nD/[2(P_2-P_1)]$，可得到如下结论。

（1）$m \geqslant M_3$ 时。

当 $m \geqslant M_3$ 时，再制造商的收益为非负，知识产权服务商投入 $2D$ 时收益大于投入 D 和 0 时收益，所以，再制造商和知识产权服务商的均衡策略为（合作，$2D$）。

（2）当 $M_4 \leqslant m < M_5$ 时。

当 $M_4 \leqslant m < M_5$ 时，再制造商的收益为非负，知识产权服务商投入 D 时的收益大于投入 $2D$ 和 0 时的收益，所以，再制造商和知识产权服务商的均衡策略为（合作，D）。

（3）当 $m < \min\{M_3, M_4\}$ 时。

当 $m < \min\{M_3, M_4\}$ 时，再制造商的收益为负，或者知识产权服务商投入 0 的收益要大于投入 D 和 $2D$ 时的收益，所以，再制造商和知识产权服务商的均衡策略为（不合作，0），双方不会进行合作。

在合伙制模式下，当再制造产品预期市场收益足够大时，再制造商的市场收益为非负，其愿意同知识产权服务商进行合作，知识产权服务商也愿意投入 $2D$ 与再制造商进行合作；当再制造产品预期市场收益减少，再制造商仍然愿意同知识产权服务商进行合作，但知识产权服务商的投入则减少为 D；随着再制造产品预期市场收益进一步减少，再制造商的市场收益变为负数，其不愿意同知识产权服务商进行合作，而知识产权服务商的投入则进一步减少为 0。进一步分析可知，只要 $m \geq nD$，即再制造产品预期市场收益大于双方总投入，再制造商就愿意同知识产权服务商进行合作；但当 $P_1 < 0.5$ 时，如果 $m < \min\{nD/(2P_1), nD/P_2\}$，知识产权服务商就不同意和再制造商进行合作，因为知识产权服务商独自承担了知识产权许可谈判过程中的风险，降低了其合作的意愿。因而，部分再制造商可能会预先支付部分费用或给予其他方面的非现金资源支持，待知识产权许可谈判成功后再按比例分享收益，以此来提高与知识产权服务商合作的可能性。

3. 现金混合制模式

根据 5.2.1 节研究假设，再制造商与知识产权服务商采用现金混合制模式合作时，双方投资收益如表 5.3 所示。

表 5.3　　　　　　　　　混合制模式下双方收益矩阵

		知识产权服务商		
		0	D	$2D$
再制造商	不合作	$(0, 0)$	$(0, 0)$	$(0, 0)$
	合作	$(-D, D)$	$P_1[(n-2)m/n - (n-3)D] - D,$ $P_1(2m/n - D)$	$P_2[(n-2)m/n - (n-3)D] - D,$ $P_2(2m/n - D) - D$

采用现金混合制模式时再制造商同样无法控制知识产权服务商的投入策略，知识产权服务商会根据市场收益来选择自己的投入策略，而再制造商则根据知识产权服务商的投入策略选择是否进行合作。

设 $M_6 = \max\{(1/2 + 1/2P_2), [1 + 1/(P_2 - P_1)]/2, [(n-3) + 1/P_2]/(n-2)\} \times nD$，$M_7 = \max\{1/2, [(n-3) + 1/P_1]/(n-2)\} \times nD$，$M_8 = [1 + 1/(P_2 - P_1)]nD/2$，可得如下结论。

（1）当 $m \geq M_6$ 时。

当 $m \geq M_6$ 时，再制造商的收益为非负，知识产权服务商投入 $2D$ 时的收益大于投入 D 和 0 时的收益，所以，再制造商和知识产权服务商的均衡策略为（合作，$2D$）。

（2）当 $M_7 \leq m < M_8$ 时。

当 $M_7 \leq m < M_8$ 时，再制造商的收益为非负，知识产权服务商投入 D

时的收益大于投入 $2D$ 和 0 时的收益，所以，再制造商和知识产权服务商的均衡策略为（合作，D）。

（3）当 $m < \min\{M_6, M_7\}$ 时。

当 $m < \min\{M_6, M_7\}$ 时，再制造商的收益为负，或者知识产权服务商投入 0 的收益要大于投入 D 和 $2D$ 时的收益，所以，再制造商和知识产权服务商的均衡策略为（不合作，0），双方不会进行合作。

由以上分析可知，现金混合制模式降低了再制造商和知识产权服务商进行合作的可能性。现金混合制模式下再制造商同意进行合作时的市场收益大于合伙制模式下的市场收益，知识产权服务业在现金混合制模式下愿意进行投入的市场收益大于合伙制模式下的市场收益，即当现金混合制模式下的市场收益大于合伙制模式下的市场收益时，再制造商才会同意与知识产权服务商进行合作，知识产权服务商才愿意进行投入资源与再制造商进行合作。由于再制造商预先支付一定的报酬给知识产权服务商，相比于合伙制模式，提高了知识产权服务商在投入 0、D 和 $2D$ 时的收益，增加额分别为 D、$(1 - P_1)D$、$(1 - P_2)D$。可以看出，随着投入的减少，知识产权服务商的增加额越大，因此，知识产权服务商更愿意减少投入，而再制造商由于额外承担了部分费用，承担了部分资金风险，需要更高的市场收益来弥补，二者产生矛盾，因而降低了合作的可能性。

4. 非现金混合制模式

根据 5.2.1 节研究假设，再制造商与知识产权服务商采用非现金混合制模式合作时，双方投资收益如表 5.4 所示。

表 5.4　　　　　　　　非现金混合制模式下双方收益矩阵

		知识产权服务商		
		0	D	$2D$
再制造商	不合作	(0, 0)	(0, 0)	(0, 0)
	合作	$(-D, 0)$	$P_1[(n-2)m/n - (n-3)D] - D$, $P_1(2m/n - D)$	$P_2[(n-2)m/n - (n-3)D] - D$, $P_2(2m/n - D) - D$

设：$M_9 = \max\{(1 + 1/P_2)/2, [1 + 1/(P_2 - P_1)]/2, [(n-3) + 1/P_2]/(n-2)\} \times nD$，$M_{10} = \max\{1/(2P_1), [(n-3) + 1/P_1]/(n-2)\} \times nD$，可得如下结论。

（1）当 $m \geqslant M_9$ 时。

当 $m \geqslant M_9$ 时，知识产权服务商投入 $2D$ 时的收益大于投入 D 和 0 时的收益，所以，再制造商和知识产权服务商的均衡策略为（合作，$2D$）。

（2）当 $M_{10} \leqslant m < M_7$ 时。

当 $M_{10} \leqslant m < M_7$ 时，再制造商的收益为非负，知识产权服务商投入 D 时的收益大于投入 $2D$ 和 0 时的收益，所以，再制造商和知识产权服务商的均衡策略为（合作，D）。

（3）当 $M < \min\{M_9, M_{10}\}$ 时。

当 $M < \min\{M_9, M_{10}\}$ 时，再制造商的收益为负，或者知识产权服务商投入 0 的收益要大于投入 D 和 $2D$ 时的收益，所以，再制造商和知识产权服务商的均衡策略为（不合作，0），双方不会进行合作。

在非现金混合制模式下，再制造商同意进行合作的市场收益与现金混合制模式下的相同，但知识产权服务商不愿意投入资源进行合作的市场收益小于现金混合制模式，因而，再制造商同知识产权服务商进行合作的可能性就会高于现金混合制模式下。

5.2.3　模型分析

设：$M_{11} = \lceil 1 + 1/P_1 \rceil nC/2$，$M_{12} = n\{\max\{2C/P_2, C/(P_2 - P_1)\} + C + C/P_2\}/2$。比较各种合作方式的均衡策略，可得结论如下。

（1）当 $m < \min\{M_1, M_2, M_3, M_4, M_9, M_{10}\}$ 时，再制造商不愿意进行合作。此时，再制造商的收益为负，不同意与知识产权服务商进行合作，所以，再制造商和知识产权服务商的均衡策略为（不合作，0）。

（2）当 $\max\{M_2, M_4, M_9\} \leqslant m < \min\{M_1, M_5, M_7, M_{11}\}$ 时，再制造商应采取非现金混合制模式，均衡策略为（合作，D）。在非现金混合制模式下，再制造商的收益最大，而知识产权服务商投入 D 时的收益为最大，所以，再制造商和知识产权服务商的均衡策略为（合作，D）。

（3）当 $\max\{M_2, M_4, M_9, M_{11}\} \leqslant m$ 时，应采取雇佣制模式，均衡策略为（合作，D）。在雇佣制模式下，再制造的收益最大，而知识产权服务商投入 D 时的收益最大，所以再制造商和知识产权服务商的均衡策略为（合作，D）。

（4）当 $\max\{M_1, M_3\} \leqslant m < M_{12}$ 时，应采取合伙制模式，均衡策略为（合作，$2D$）。在合伙制模式下，再制造商的收益最大，而知识产权服务商投入 $2D$ 时的收益最大，所以再制造商和知识产权服务商的均衡策略为

（合作，2D）。

（5）当 $m \geqslant M_{12}$ 时，应采取雇佣制模式，均衡策略为（合作，2D）。在雇佣制模式下，再制造商的收益最大，而知识产权服务商投入 2D 时的收益最大，所以再制造商和知识产权服务商的均衡策略为（合作，2D）。

总体上来看，当市场收益较小的时候，再制造商应该采用非现金混合制模式；市场收益足够大时，再制造商应该采用雇佣制模式，并将支付费用 B 维持在刚好使知识产权服务商投入 2C 的收益最大，以提高自身利益。

5.3　再制造商和知识产权服务商的合作模型

再制造商要想进行再制造，必须要获得原制造商的知识产权许可。再制造商既可以自己与原制造商进行知识产权许可谈判，也可以将知识产权许可谈判服务委托给专业的知识产权服务机构，本书研究对象为后者，即研究将知识产权许可谈判服务委托给专业的知识产权服务商的再制造商。通过本章内容研究，可得到再制造商和知识产权服务商的合作模型，如图 5.1 所示。

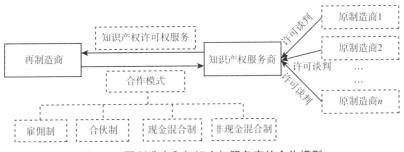

图 5.1　再制造商和知识产权服务商的合作模型

被用来再制造的废旧产品或零部件中含有的知识产权可能属于不同的原制造商，为了提高从原制造商手中获得知识产权许可的效率和有效性，再制造商委托专业的知识产权服务商和各原制造商进行知识产权许可谈判。

再制造商作为委托方，将与原制造商的知识产权许可谈判服务委托给专业的知识产权服务商，并会根据再制造产品预期市场收益情况，从雇佣制、合伙制、现金混合制或非现金混合制等合作模式中选择与知识产权服务商的合作模式，知识产权服务商也会从自身经济利益等方面考虑如何与再制造商进行合作，形成不同情况下的双方均衡策略。

　　本章对雇佣制、合伙制、现金混合制和非现金混合制等不同合作模式的适应性条件进行了研究，分析了不同模式下的再制造商和知识产权服务商的均衡策略，为双方在不同模式下的合作提供理论和决策指导。

5.4　再制造商与知识产权服务商融合发展分析

　　知识产权服务业是现代服务业的重要组成部分，分析其应如何服务于再制造产业的发展，包括业务方向和激励机制。确定知识产权服务商服务于再制造商的业务方向，为再制造商与知识产权服务商融合发展寻找切入点。以委托—代理理论为基础，设计再制造商对知识产权服务商的激励机制，并对影响因素做出简要分析，为双方融合发展提出具体建议。

5.4.1　再制造商与知识产权服务商融合发展切入点分析

　　确定知识产权服务商服务于再制造商的业务方向，明确当下服务切入点，促进知识产权服务商更好地服务于再制造商的知识产权工作，见图5.2。

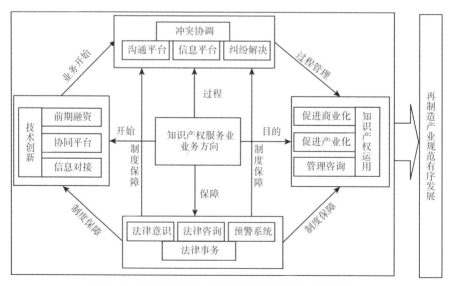

图5.2　知识产权服务商服务于再制造商切入点分析

1. 服务于再制造商技术创新

技术创新是再制造商知识产权工作的前提，知识产权服务商服务于再制造商知识产权工作的切入点为：第一，做好知识产权创新的前期融资工作，通过完善质押融资、吸引风险投资等方式为再制造产商技术创新提供研发投入。第二，引导再制造企商之间实现协同创新，主体间实现信息对称、优势互补、收益共享、风险共担，促进协同主体间深度合作和协同创新的实现（陈劲，2012）。第三，做好国内需求与国外先进技术信息对接工作，积极实施引进来战略，促进国内废弃物再利用技术模仿创新的实现。

2. 服务于再制造产商知识产权冲突协调

冲突协调是再制造产商知识产权工作的过程管理，知识产权服务商服务于再制造商知识产权工作的切入点为：第一，做好原产品制造商和第三方再利用商的沟通平台功能，克服双方信息不对称困境，加强互信、利益共享，缓解双方知识产权利益冲突关系。第二，做好原产品制造商和第三方再利用商的信息发布平台功能，双方各自发布技术供给与需求信息，促成双方合作实现。第三，企业合作关系中的知识产权纠纷现象在所难免（杨伟，2013；张克英，2011），必须探索建立基于 ADR（替代性纠纷解决方式）的纠纷解决机制，提高知识产权纠纷解决的效率和有效性。

3. 服务于提高再制造商知识产权运用能力

知识产权运用能力是再制造商知识产权工作的根本目的，知识产权服务商服务于再制造商知识产权工作的切入点为：第一，通过提供知识产权评估、融资担保、项目融资、专利信托等业务（袁晓东，2004），促进知识产权权利人能够顺利实现知识产权的交易、质押、抵押等商用化运用。第二，做好知识产权信息平台功能，汇集并向再制造企业公布废弃物再利用技术知识产权信息，为知识产权供需双方提供信息沟通、技术咨询、产权交易等平台，促进知识产权产业化的实现。第三，为再制造商提供知识产权管理咨询服务，制定适合产业发展战略的知识产权战略并做好知识产权布局。

4. 服务于再制造商知识产权法律事务

法律事务是再制造商知识产权工作的重要保障，知识产权服务商服务于再制造商知识产权工作的切入点为：第一，通过宣传、公益活动等形式提高第三方再利用商等社会大众的知识产权法律意识，避免侵权行为发生。第二，为再制造商提供必要的法律咨询服务，从法律角度合理确定再制造商的生产行为，避免侵犯其他主体的知识产权权利。第三，为再制造商构建合理地知识产权预警系统，避免知识产权权利被侵犯。

最后，知识产权服务商也要承担必要的社会责任，从知识产权的角度促进再制造产业的规范化、秩序化发展，例如从技术层面提出区分维修与再制造的建议、提出完善再制造产业知识产权政策的意见和建议等。

5.4.2　知识产权服务商激励机制

再制造商与知识产权服务商分别作为独立地市场经济主体，目标是各自追求利润最大化，双方融合发展过程中矛盾冲突在所难免。再制造商应该设计一套合理的机制来激励知识产权服务商，促使其更好地服务于自身发展。委托代理理论的核心是在信息不对称和利益冲突情况下，委托人设计一套机制来激励代理人，进而提高自己的期望效用（Sappington，1991）。1960 年，诺贝尔经济学奖获得者赫尔维茨提出机制设计理论（mechanism design），即如何在信息分散和信息不对称条件下设计激励相容的机制来实现资源的有效配置（张国兴 2008），哈里斯（Harris，1981）、蒂罗尔（Tirole，2005）等通过机制设计理论在拍卖机制、公司治理等的应用对机制设计理论进行了验证。因此，以委托代理理论为基础（再制造产商属于委托人、知识产权商属于代理人），系统设计知识产权服务商激励机制是可行，也是再制造产业持续健康发展的必然要求。

1. 约束条件

激励机制是委托人希望通过探索设计一套合理制度来影响代理人的行为，进而追求自身效用最大化。在这个过程中，作为独立经济主体，代理人也有自己的利益诉求并有一定的利益主张。所以，激励机制的设计需要在一定的约束条件下进行，主要包括两个约束条件：一是参与性约束（individual rationality constraint，IR），即代理人在接受委托人的任务之后所获得的期望效用要大于其在不接受该任务时的其他最大期望效用，即期望收益大于机会成本；二是激励相容性约束（incentive compatibility constraint，IC），即在委托代理关系中，代理人总是以效用最大化为行动准则，在实现自己希望效用最大化的同时也使委托人的期望收益实现最大化。激励机制必须符合上述两条原则才具有可行性。

2. 理论模型

自从委托代理理论入世以来，越来越多的专家学者投入到相关理论的研究中，也提出了很多理论模型。如威尔逊（Wilson，1969）、斯彭斯（Spence，1971）、罗斯（Ross，1973）等提出和发展的状态空间模型化方法，莫里斯（Mirrless，1976）和霍姆斯特姆（Holmstrom，1982）等提出的分布函数的参数化方法，格罗斯曼等（Grossman et al.，1983）提出的一般分布方法等。本部分采用莫里斯（Mirrless）和霍姆斯特姆等（Holmstrom et al.）提出的分布函数的参数方法，其模型为：

$$\max_{a,s(x)} \int v(x - s(x)) f(x,a) \, dx$$

s. t.

$$(IR) \int u(s(x)) f(x,a) \, dx - c(a) \geq \bar{u}$$

$$(IC) \int u(s(x)) f(x,a) \, dx - c(a) \geq \int u(s(x)) f(x,a') \, dx - c(a'), \forall a' \in A$$

$$(5.1)$$

在这个模型中：

a 代表代理人一个具体行动；A 是代理人所有可能行动的集合；x 代表可以测量的代理人产出变量，由 a 和 θ 共同决定；θ 是委托人和代理人都无法决定的外生变量，在特定的 θ 条件下，代理人的行动 a 给委托人所带来的 x 表示为 $f(x, a)$；$s(x)$ 是委托人在 x 产量条件下所给委托人制定的激励合同；$v(x - s(x))$ 代表委托人的期望效用，$u(x - s(x))$ 为代理人的期望效用，而且两者满足 $v' > 0$，$v'' \leq 0$；$u' > 0$，$u'' \leq 0$；$c' > 0$，$c'' \geq 0$，说明委托人和代理人不愿意接受风险或者属于风险中性者，努力的边际效用是递减的。IR 和 IC 分别代表参与性约束和激励相容性约束。

3. 再制造商对知识产权服务商的激励机制

以分布函数的参数化方法理论为基础，参照张剑（2002）对银行保险中银行对其代理保险的员工的激励模型，研究再制造产商和知识产权服务商之间的委托代理关系，并为委托方—再制造产商制定合理的激励机制。首先对模型中的参数做出解释。

a 代表知识产权服务商的一个具体行动，a 所有的行动集合构成 A，在信息不对称的条件，再制造产商无法知道知识产权服务商具体的付出情况，只能通过合同额（知识产权服务商与知识产权权利应用人对其所代理的知识产权签订的合同金额）等可以观察到的变量来推测知识产权服务商努力程度。

假设 1：设定再制造产商可以观察到的服务商的变量主要包括合同额

(x) 和综合评价 (y)，合同额是知识产权服务商将知识产权运用之后所获得的收入，综合评价是再制造商根据主观判断对知识产权服务商所做出的综合评价。设 p_1、p_2 分别为合同额和综合评价每等级 a 实现 x 和 y 的系数；同时，两者又都受外部环境变量 θ_1（x 的外部环境变量）和 θ_2（y 的外部环境变量）的影响，则：

$$x = p_1 a + \theta_1 \tag{5.2}$$

$$y = p_2 a + \theta_2 \tag{5.3}$$

通常假设 θ_1 和 θ_2 是服从均值为 0、方差为 δ^2 的正态分布，则 $E[x] = p_1 a$，$Var[x] = \delta_2^2$；$E[y] = p_2 a$，$Var[y] = \delta_2^2$。

假设 2：设 α、β 分别为再制造产商给知识产权服务商在合同额 x、综合评价 y 的奖励系数，则可知再制造商给知识产权服务商的激励机制为：

$$s(x,y) = \alpha x + \beta y \tag{5.4}$$

前文已经说明，再制造商属于风险中性者，知识产权服务商是风险规避者，则再制造商的期望效用就等于他的期望收入。

$$E[v(x - s(x,y))] = E[x - s(x,y)] = (1 - \alpha)p_1 a - \beta p_2 a \tag{5.5}$$

假设 3：设知识产权服务商的效用函数具有绝对风险规避特征，则 $u = -e^{-\rho\omega}$，其中 ρ 代表是知识产权服务商的风险规避系数且 $\rho > 0$，ω 代表知识产权服务商的实际收入。同时，假设知识产权服务商积极努力的成本为 $C(a) = \frac{1}{2}ba^2$，其中，b 代表知识产权服务商的成本系数（$b > 0$），b 越大，则知识产权服务商的成本越大；函数 $C(a)$ 是严格递增的函数，则知识产权服务商的货币收入可以表示为：

$$\omega = s(x,y) - C(a) = \alpha x + \beta y - \frac{1}{2}ba^2 \tag{5.6}$$

前面已指出，再制造商为风险规避者，则其确定性等价收入等于随机收入均值减去风险成本。所以，知识产权服务商的确定性等价收入为：

$$z = E[\omega] - \frac{1}{2}\rho Var[\omega]$$

$$= \alpha p_1 a + \beta p_2 a - \frac{1}{2}ba^2 - \frac{1}{2}\rho(\alpha^2 \delta_1^2 + \beta_2 \delta_2^2) \tag{5.7}$$

下面分析委托代理理论的约束条件：

设 ω_0 为知识产权服务商的效用（保留收入），则知识产权服务商的参与约束条件为：

$$z = \alpha p_1 a + \beta p_2 a - \frac{1}{2} b a^2 - \frac{1}{2} \rho (\alpha^2 \delta_1^2 + \beta_2 \delta_2^2) \geqslant \omega_0 \qquad (5.8)$$

知识产权服务商的激励相容约束条件为 $z' = 0$，即为：

$$z' = \left[\alpha p_1 a + \beta p_2 a - \frac{1}{2} b a^2 - \frac{1}{2} \rho (\alpha^2 \delta_1^2 + \beta_2 \delta_2^2) \right]' = 0 \qquad (5.9)$$

求得 $a = \dfrac{p_1 \partial + p_2 \beta}{b}$

所以，委托代理模型即转换为下述问题：

$$\max_{a, s(x)} \left[(1 - \alpha) \ p_1 a - \beta p_2 a \right]$$

s. t.

$$(IR) \quad \alpha p_1 a + \beta p_2 a - \frac{1}{2} b a^2 - \frac{1}{2} \rho \ (\alpha^2 \delta_1^2 + \beta_2 \delta_2^2) \ \geqslant \omega_0 \qquad (5.10)$$

$$(IC) \quad a = \frac{p_1 \partial + p_2 \beta}{b}$$

将（IC）约束条件带入（IR），最终求得：

$$\alpha = \frac{p_1^2}{2 b \rho \delta_1^2} \qquad (5.11)$$

$$\beta = \frac{p_1 p_2}{2 b \rho \delta_2^2} \qquad (5.12)$$

知识产权服务商的激励机制函数为：

$$s(x, y) = \frac{p_1^2}{2 b \rho \delta_1^2} x + \frac{p_1 p_2}{2 b \rho \delta_2^2} y \qquad (5.13)$$

由（5.13）式可知，知识产权服务商的激励函数与其合同额、综合评价成正比，知识产权服务商业务量越多、再制造商对其综合评价越高，其获得的收入越多，服务积极商也会提高，进而促进再制造产业的发展，即合作有利于双方发展；知识产权服务商的激励函数与其风险规避系数成反比，即知识产权服务商的风险规避系数越低，其获得的收入越多。同时，知识产权服务商激励函数与外部环境的方差成反比，即再制造商与知识产权服务商融合发展外部环境越好，知识产权服务商的收入越多，则其积极性就越高，进而促进双方更好地融合发展。

5.4.3　发展建议

再制造商与知识产权服务商融合发展，本质上是指知识产权服务商应如何更好地服务于再制造商发展。结合以上研究，对再制造商与知识产权服务商融合发展提出以下建议。

（1）提高双方融合发展的意识。再制造产商与知识产权服务商必须提高双方融合发展的意识，树立积极合作的态度。首先，再制造商应重视知识产权服务商的重要作用，将部分知识产区工作外包给知识产权服务商；其次，知识产权服务商应不断提高自己的专业能力和服务水平，为再制造商提供优质服务。根据知识产权服务商激励机制，共同努力会促使双方的合作进入良性循环。

（2）业务方向的快速适应能力。根据再制造产商不断发展变化需求，合理确定不同阶段知识产权服务的业务方向。本部分明确了当下知识产权服务商的业务方向和切入点。根据产业生命周期理论，产业的发展要经历初创期、成长期、成熟期和衰退期，再制造产业属于新兴产业，处于快速发展变化的阶段，知识产权服务商应根据再制造商的快速变化需求不断调整业务方向。同时，知识产权服务商应降低风险规避系数，积极研发和开拓新的再制造商知识产权服务业务。

（3）战略互信和利益共享机制。知识产权服务商要与再制造商形成战略互信和利益共享机制。一方面，再制造商与知识产权服务商之间要通过战略联盟等形式建立战略互信机制，以互信为基础协调原产品制造商和第三方再制造商的知识产权关系。另一方面，再制造商与知识产权服务商之间要形成联合开发、利益共享、风险共担机制，参照委托代理理论，合理确定对知识产权服务商的激励机制，提高双方积极性。

（4）营造良好的外部发展环境。政府应为再制造商与知识产权服务商融合发展的提供良好的外部发展环境。第一，加大对知识产权服务商和再制造商发展的政策支持力度，包括税收、金融、政府采购等政策。第二，完善知识产权服务业法律法规制度，明确知识产权服务业的法律地位、服务方向、统计指标体系等。第三，完善再制造产业知识产权法律法规制度，理顺废弃物再利用中的知识产权权利关系，为知识产权服务商服务于再制造商发展营造良好的法律法规环境。

5.5　本章小结

有些再制造商会将知识产权许可谈判工作委托给专业的知识产权服务

商，由知识产权服务商与不同的原制造商进行知识产权许可谈判，本章主要分析这部分再制造商与知识产权服务商的合作模式问题，建立了四种不同利润分配方式下的合作博弈模型，主要研究内容和结论如下：

（1）现金混合模式并不能达到再制造商所期望提高双方合作可能性的目标，反而降低了合作可能性。由于再制造商预先支付一定的报酬给知识产权服务商，相比于合伙制模式，提高了知识产权服务商在投入 0、D、$2D$ 时的收益，增加额分别为 D、$(1-P_1)D$、$(1-P_2)D$。可以看出，随着投入减少，知识产权服务商的增加额越大。因此，知识产权服务商更愿意减少投入，而再制造商由于额外承担部分费用，承担了部分资金风险，需要更高的市场收益来弥补，二者产生矛盾，因而降低合作的可能性。因此，再制造商应采用非现金混合制替代现金混合制模式。

（2）当再制造产品预期市场收益较小时，再制造商应优先考虑非现金混合制模式。此时，再制造商同意进行合作的市场收益与现金混合制模式下的相同，但知识产权服务商不愿意投入资源进行合作的市场收益小于现金混合制模式，因而，再制造商同知识产权服务商进行合作的可能性就会高于现金混合制模式下的合作可能性。

（3）当再制造产品预期市场收益较大时，再制造商应优先考虑雇佣制模式。此时，再制造商的收益在知识产权服务商投入 $2D$ 时最大，因而，其期望知识产权服务商能够投入 $2D$ 来与原制造商进行知识产权许可谈判，也会通过增加总费用 $2D$ 来促使知识产权服务商投入 $2D$，从而达到均衡策略（合作，$2D$）。而且，再制造商应将支付费用 B 维持在刚好使知识产权服务商投入 $2D$ 的收益最大，以提高自身收益。

第 6 章

再制造产业知识产权运用的
市场推广策略

产品开发和生产出来以后并不意味着知识产权产业化过程的完成，还要看产品之外的市场选择或社会选择过程，即看产品能否被销售者所认可和接受（毛荐其，2006）。再制造产业知识产权运用亦是如此，其目的并不仅仅是为了生产再制造产品，还要将生产的再制造产品销售出去。但现阶段，再制造产业知识产权运用市场购买力不足，消费者对再制造产品的认识还存在一定的误区，认为再制造产品是翻新品、残次品、存在质量缺陷的产品等，市场接受度不高，且不同消费者对再制造产品的认可度是不一样的。因此，本章介绍再制造产业知识产权运用的市场推广策略：运用合理行为模型的修正模型调查消费者购买意向的影响因素；运用 STP 战略制定再制造产业知识产权运用的市场推广规划，明确再制造产业知识产权运用的主要消费群体、次要消费群体和潜在消费群体；运用 4P 策略制定不同细分市场的市场推广策略。市场推广策略是再制造产业知识产权运用体系的重要组成部分，为再制造产业知识产权运用的顺利实现奠定市场基础。

6.1 问题提出

再制造产业知识产权运用并不以生产出再制造产品为终结，关键还要看市场对再制造产品的认可度和接受度。我国处于再制造产业发展的初级阶段，市场上对再制造产品还存在一定的认识误区，需要加大对再制造产业知识产权运用的市场推广，具体表现在以下几方面。

1. 再制造产业知识产权运用需要再制造产品市场化

根据本书研究对象，再制造产业知识产权运用主要是研究被用来再制造的废旧产品中所含有的知识产权的产业化运用问题，再制造商利用回收的废旧产品生产并向消费者销售再制造产品。因此，再制造产业知识产权运用的目的并不仅仅是为了生产再制造产品，还要将生产的再制造产品销售出去。

亚当·斯密（Adam Smith）早在 1776 年就强调了消费的重要性，指出"消费是所有生产的唯一终点和最终目的"，生产企业只有在满足了消费者的需求后才能够实现自己的利益。产品开发和生产出来以后并不意味着知识产权产业化过程的完成，还要看产品能否批量化生产和销售，也就是要看其是否能够市场化。乔利（Jolly，1997）的研究认为，技术商业化是指成功地进行一系列前后衔接的工作，其中，每一个环节都使得技术增值。将新技术推向市场的四个关键环节：第一个关键环节是洞察技术和市场之间的联系；第二个关键环节是孵化技术以确定其商业化的潜力；第三个关键环节是在适宜的产品和工艺过程中示范技术；第四个关键环节是促进市场接受实现可持续商业化。吴继英（2013）认为，专利技术产业化是一个以创新为起点、以市场为终点的动态过程，主要包括专利技术的生产、运用与推广、产业化（大规模应用）这样三大阶段。因此，生产产品并不是知识产权运用的目的，其最终目的还是为了满足消费者的需求。

可以看出，一种创新产品投放市场后，被市场选择需要一个过程。新产品开发出来之后，能否商业化的关键不是技术本身，而是产品之外的市场选择或社会选择过程（毛荐其，2006）。因此，知识产权产业化的关键还要看生产的产品能否被市场所选择。新产品要经历市场选择（社会选择）的过程，如果在价格、成本、功能、质量等方面符合消费者要求，即被采纳；如若不然，则遭淘汰。对再制造产业知识产权运用也是一样，再制造商在获得原制造商的知识产权许可后，利用回收的废旧产品生产再制造产品，生产出再制造产品之后并不意味着知识产权运用过程中的结束，还需要看再制造产品能否实现市场化，能否经受住市场的考验，即消费者认可和愿意购买再制造产品。

2. 消费者是再制造产业知识产权运用的重要主体

根据 3.5 节介绍，再制造产业链是一个闭环供应链，其业务流程始于原产品，首先是利用原材料生产出原产品，供消费者消费；原产品被消费者消费后，成为废旧产品；废旧产品经过再利用商的回收运输和拆解加工等活动，转化为可以再次利用的再生资源（废旧产品或零部件）；再生资源通过清洗、检测、表面加固等再制造工艺后，被重新组装生产成为再制造产品；再制造产品在达到国家相关标准后，再次销售给消费者。从中可以看出，消费者是再制造产业知识产权运用的重要主体。

再制造是对废旧产品的回收和再利用，无论是再制造的模式还是再制造产品本身都得不到消费者认可，这可能会导致消费者对再制造产品的信任缺失，进而抑制了消费者对于再制造产品的购买意向，阻碍其购买行为的产生。而且，阿塔苏（Atasu，2008）在研究中指出，再制造产品与新产品之间确实存在一定的差异，必然会使消费者对再制造产品抱有各自不同看法。如阿格拉瓦（Agrawal，2015）指出，由于再制造产品与原产品的差异性，消费者们对再制造产品的产品承诺，即功能、质量、性能等不够信任，这会造成消费者对产品实际价值造成误判，不利于消费者购买和接受再制造产品。而只有消费者信任再制造产品及其生产企业时，才会考虑去购买，否则，消费者不会去购买（Hazen，2012）。

而据社会行为学家研究发现，消费者个体所拥有的对事物的知识储备和知识掌握程度，会对消费者行为的选择和实施产生一定影响。如希门尼斯等（Jiménez et al.，2012）认为，由于掌握的知识等不同、对再制造产品的认识不同，即使对同样的再制造产品消费者也会做出不同的评价，进而影响到消费者的不同购买行为结果。即消费者对再制造产品的属性、质量等认识越多、越深刻，越容易形成对再制造产品的正确认识和判断，从而提高购买决策的可能性。事实上，按照我国相关要求，再制造产品的质量和性能必须要达到或超过新产品。很多消费者对再制造产品的认识误区是由于不了解再制造产品，因而，必须要加大对再制造产业知识产权运用的市场推广策略。哈蒙德等（Hammond et al.，1998）认为，只有通过广告宣传等形式向消费者传达再制造产品的相关信息，才能使消费者感知再制造产品的特性，提高对再制造产品的认识了解程度，必然会增加消费者对再制造产品的购买。

3. 我国再制造产品市场接受度不高

我国再制造产业起步较晚，1999 年才正式提出再制造的概念，从概念提出到现在还不到 20 年，处于再制造产业发展的初级阶段。知识产权运用的市场购买力不足，公众参与意识不高。消费者对再制造产品的认识还存在一定的误区，市场接受度较低，而如果再制造产品得不到消费者的认可，会影响再制造产业知识产权运用的实现。

国外发展经验表明，社会公众的高度参与性是再制造产业快速发展的重要原因之一。在对玉柴再制造工业（苏州）有限公司的实地调研过程中，公司负责人指出，我国很多消费者无论是对再制造产品的生产模式，还是对再制造产品质量都不认可，存在一定的认识误区，认为再制造产品是翻新品、劣质品、残次品、存在质量缺陷的产品等，从而不愿购买再制造产品，会导致再制造企业的发展之路困难重重。卡特彼勒亚太区总经理李征宇在一次记者访谈中指出，中国再制造市场发展缓慢的一个极其重要的原因就是消费者对再制造产品的了解还不够，我们的普通大众需要更多了解再制造。曲英等通过走访再制造试点企业，了解到国内再制造配件市场占总配件市场的比例不足 1%，主要原因是消费者对再制造品认知不够，尚未能接受再制造产品（原永丹等，2009）。因此，再制造产品的市场接受度不高严重阻碍我国再制造产业知识产权运用的顺利实现。

再制造产业知识产权运用的目的并不仅仅是生产再制造产品，还要将生产的再制造产品的销售出去，但当前我国消费者对再制造产品的认识存在一定的误区，认为是残次品、翻新品等，市场认可度和接受度比较低。因此，必须要研究再制造产业知识产权运用的市场推广策略，逐渐转变消费者对再制造产品的认识误区，提高消费者对再制造产品的认可度和接受度，为再制造产业知识产权运用的顺利实现奠定市场基础。

6.2　再制造产品消费者购买意向影响因素调查

要研究再制造产业知识产权运用的市场推广问题，必须首先了解消费者对再制造产品的购买意向，因为消费者购买意向能够反映其要实现特定购买行为的态度或愿意为之付出的努力程度，是消费者购买行为的先兆。在预测消费者行为意向的研究中，菲斯宾（Fishbein，1967）提出的合理行为模型被认为是具有代表性的理论模型。因此，本章以合理行为模型的修正模型为指导，对我国再制造产品消费者购买意向的影响因素进行实证研究；然后，以这些影响因素为细分变量，利用两步聚类算法对消费者进行市场细分，了解不同消费者的需求，发掘市场机会，并制定有针对性的营销策略。

1. 理论基础

（1）合理行为模型。

合理行为模型（theory of reasoned action，TRA）认为主观规范和行为态度决定行为意向，而行为是特定行为意向的结果（Ajzen，2002），被认为是很好的预测个人行为的工具，见图 6.1。很多专家学者利用该模型来研究我国消费者购买意向，如邓新明（2012）对中国情景下消费者伦理购买意向的研究。

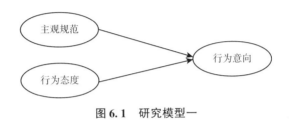

图 6.1　研究模型一

（2）合理行为模型的修正模型。

虽然合理行为模型能很好地解释消费者购买意向，但该理论是在西方消费者行为理论指导下建立的，在其他经济社会环境下并不一定完全适合（李东进，2007）。学者在研究中指出，美国国内消费者行为理论并不一定完全适用于美国以外的消费者行为，需要结合具体的实际情况进行调整。虽然合理行为模型能很好地解释消费者购买意向，但该理论是在美国等西方消费者行为理论指导下建立的，与不同国家消费者习惯密切相关。因此，合理行为意向模型在其他社会环境或不同研究对象应用时，需要进行相应的调整；而且，调整后的合理性行为模型更具有解释力和说服力（Lee，1991）。所以，除了主观规范和行为态度变量之外，在研究不同产品的消费者购买意向时，需要对模型做出一定的调整。

再制造产品是利用原生产品消费后的废旧产品所生产的产品，消费者对原生产品的品牌认知会很大程度上影响着消费者对再制造产品的选择和购买，即再制造产品的需求与原生产品的品牌延伸效应存在着密切联系。而且，再制造产品在我国属于新兴产品，消费者对其性能还存在一定的疑虑，社会认可度不高，感知风险较大，也影响着消费者的选择和购买。因此，除了主观规范和行为态度两个变量，本书也考虑品牌延伸和感知风险两个变量对我国再制造产品消费者购买意向的影响，形成合理行为模型的修正模型，见图 6.2。

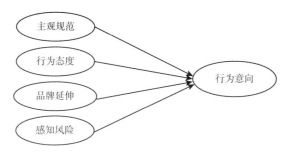

图 6.2 研究模型二

2. 消费者市场调查的研究假设

（1）主观规范与再制造产品消费者购买意向。

主观规范是周边环境对个人行为的影响，即个人所感受到的实施或不实施某项行为所面对的外部压力，该压力主要来自个体周边家人、朋友、同事等对他重要的人认为其是否应该实施某种行为。一般情况下，当个人有积极的行为态度，并且周围对其重要的人赞同其行为时，个人会对此行为具有较强的行为意向；反之，当个人有消极的行为态度，并且周围对其重要的人不赞同或不支持其行为时，个人会对此行为具有较弱的行为意向。近年来，面对环境污染、生态环境的破坏，绿色消费者逐渐成为一类特殊消费群体而受到广泛关注，他们希望通过自己购买方式的改变来影响社会规范，以自己的购买行为带来社会购买行为的改变（Chan，2000）。再制造企业通过对废旧产品的再利用，节约了资源、保护了生态环境，会为再制造产品增加环保感情分；而且，阿比（Abbey，2015）通过研究得出，消费者会偏向于购买具有良好社会形象的企业的产品，再制造品的"绿色形象"会吸引一部分重视环境保护的消费者购买其产品。因此，本研究提出如下假设：

H1：主观规范与再制造产品消费者购买意向正相关。

（2）行为态度与再制造产品消费者购买意向。

行为态度是个体在既定情形下实施既定行为的个人态度及对行为积极的或消极（正面的或负面的）的综合评价。态度是个人对问题的偏好或厌恶的程度，是多元化的，而个人对一个事物或现象的所有反应都是来自他对这个事物或现象的态度，消费者对再制造产品的认识也是如此，是否会购买也源自消费者对再制造产品的态度。中国消费者对绿色产品的态度与其购买意向之间有很强的相关关系（Chan，2001），而且，只有当消费者相信再制造产品的质量，并对其价格、环保性等综合评价较高时，才有可能会去购买再制造产品。因此，本研究提出如下假设：

H2：行为态度与再制造产品消费者购买意向正相关。

（3）品牌延伸与再制造产品消费者购买意向。

品牌是一个产品的名称、象征、符号、标志、记号等或相互间的组合，对提高企业经营利润和企业形象具有重要作用。在消费者的心目中，品牌在一定程度上代表了产品的质量，反映了消费者对产品的信任程度，对消费者购买意愿具有显著影响（Dodds，1991），良好的品牌能够降低顾客购买产品时的感知风险。品牌延伸是企业在推出新产品或服务时，将已建立的品牌应用到新的产品或者服务中，从而在扩大新产品市场份额的同时尽量降低营销成本，避免新产品市场推广的失败。原永丹（2009）指出，美国在 20 世纪 90 年代，有 81% 的新产品推向新市场是通过品牌延伸策略成功实施的。

品牌延伸对再制造产品消费者购买意向具有显著影响。首先，顾客在面对新产品时，会存在信息不对称，只能通过品牌等信息推测产品的可信程度。现阶段，再制造产品尚未得到消费者的信赖和认可，而如果是消费者所熟悉的品牌推出的再制造产品，会减少消费者的疑虑。其次，再制造产品质量能够达到或超过新产品而价格却较低，消费者可以自由选择新产品或再制造产品，满足了自己的多样化需求，增加了消费者对同一品牌的重复购买。最后，品牌延伸能够向消费者传达原有产品品牌的优势，降低消费者对产品的风险知觉，品牌给消费者提供的先验知识很大程度上影响着消费者的购买意向。因此，本研究提出如下假设：

H3：品牌延伸与再制造产品消费者购买意向正相关。

（4）感知风险与再制造产品消费者购买意向。

感知风险最早由鲍尔（Bauer，1960）教授提出，是指由于信息不对称等原因导致消费者在购买产品时的不确定性或在购买产品后出现问题的不确定性。感知风险并不是客观存在的风险，是消费者在感觉不能准确做出最有利的购买决策时所产生的不确定性，主要包括身体风险不确定性、金钱风险不确定性、产品风险不确定性等（Stone，2009）。叶树昱（2008）研究指出，感知风险与消费者购买意向负相关。

感知风险始终伴随在再制造产品购买前后。一方面，加尼森（Ganesan，1994）研究指出，商家为了维护自身利益最大化，可能会通过提供不完整、有误导的信息给消费者，扰乱消费者的主观判断，甚至不惜损害消费者的利益，而现阶段，再制造产品还没有得到消费者的认可和接受，意味着消费者在购买再制造产品前的感知风险就比较高；另一方面，由于消费者在购买前可能会信息掌握不全面，导致消费者购买的产品在使用方法、产品质量、产品性能等方面存在欠缺的地方，再制造产品与新产品之间确实存在一定的差异，消费者在购买时会担心自己掌握的产品性能等信息不全面，存在潜在使用风险，特别是对消费者人身安全构成威胁的产品，如再制造发动机。于俭（2013）指出，对再制造产品质量和性能的担忧会影响再制造产品消费者的购买意向。因此，本研究提出如下假设：

H4：感知风险与再制造产品消费者购买意向负相关。

3. 消费者市场调查的研究设计

（1）研究方法。

利用调查问卷收集消费者主观规范、行为态度、品牌延伸、感知风险及购买意向相关数据，并采用 SPSS 20.0 和 AMOS 17.0 对收集到的数据进行分析。一是利用回归分析验证其合理性和解释力；二是利用相关性分析和结构方程分析变量之间的相关关系和比较不同的理论模型。

（2）样本选择。

本研究共发放问卷 596 份，回收 596 份，有效问卷 495 份，有效问卷率 83%。本研究调查的样本描述性统计如表 6.1 所示。在样本选择时也选取了部分大学生代表，大学生现在还没有或者有很少的经济收入，但基于以下两个原因也将其作为本次调查的重要对象：一是在校大学生文化水平高，知识面广，对新鲜事物接受快，对再制造产品的认识更为全面；二是大学生综合素质高，且很快将会走向社会，未来的经济收入水平较高，将来会成为社会消费的重要群体。

表 6.1　　　　　　　　　　样本描述性统计表

样本特征		人数	比例（%）
性别	男	270	54.55
	女	225	45.45
年龄	25 岁以下	153	30.91
	25～35 岁	299	60.40
	35～45 岁	39	7.88
	45 岁以上	4	0.81

续表

样本特征		人数	比例（%）
学历	高中或中专及以下	20	4.04
	大学专科	55	11.11
	大学本科	223	45.05
	硕士	148	29.90
	博士	49	9.90
收入	2万元及以下	134	27.07
	2万~5万元	143	28.89
	5万~10万元	159	32.12
	10万~20万元	43	8.69
	20万元以上	16	3.23
职业	非大学生	369	74.55
	非学生	126	25.45

（3）调查量表。

在调查过程中没有指定某类再制造产品作为代表。因为通过研究并与消费者沟通发现，如果对调查者指定某类再制造产品，可能会对消费者起到误导作用，影响调查数据的真实性。例如，如果以再制造发动机为例，消费者很容易将对再制造发动机的态度作为对所有再制造产品的态度，很容易出现以点概面的现象，不能真实反映消费者对再制造产品的态度。

在查阅相关文献的基础上，结合再制造产品特性设计消费者购买意向调查问卷。问卷采用李克特（Likert）提出的五点量表衡量消费者意见，其中，1代表非常不同意、2代表不同意、3代表一般、4代表同意、5代表非常同意。对于量表的设计，参考其他专家学者研究的较为成熟的量表，具体如表6.2所示。

表6.2　　　　　　　　　　再制造产品消费者购买意向量表

潜变量	标识变量	参考文献
主观规范	在我看来，我的同学/同事/朋友认为我应该为自己购买再制造产品	森（Sen，2006）
	在我看来，我的亲人认为我应该为自己购买再制造产品	
	在我看来，对我重要的绝大部分人认为我应该为自己购买再制造产品	

续表

潜变量	标识变量	参考文献
行为态度	我感觉为自己购买再制造产品的行为是愚蠢的	萨顿（Sutton，2005）
	我感觉为自己购买再制造产品的行为是正确的	
	我感觉为自己购买再制造产品的行为是理智的	
品牌延伸	我很乐意购买我熟悉的品牌所推出的再制造产品	鲍姆加特纳（Baumgartner，1996）
	性能相当情况下，即使价格稍高，我还是会购买我熟悉品牌推出的再制造产品	
	如果下次购买同类产品，我还是会是选择该品牌的再制造产品	
感知风险	再制造品的质量、使用性能不如新品	道达斯（Dodds，1991）
	再制造品安全性能不如新品，可能会威胁自己及他人人身安全，如再制造发动机	
	再制造产品的质量、性能等方面出现问题并造成经济损失的可能性更大	
	再制造品的售后服务不如新品，在产品维修、退换货方面会浪费时间	
购买意向	在下次为自己购买产品时，会购买再制造产品	斯皮尔斯（Spears，2004）
	在下次为自己购买产品时，首先考虑购买再制造产品	

4. 消费者市场调查数据检验分析

（1）信度检验。

用 Cronbach α 来度量信度水平，即同一变量所有题项答案的一致性，以检测问卷的可信度，本研究的 Cronbach α 结果如表 6.3 所示。

表 6.3　　　　　　　　　　　　　信度分析结果

变量	编号	题项	因子负荷	Cronbach α
主观规范	A1	在我看来，我的同学/同事/朋友认为我应该为自己购买再制造产品	0.892	0.873
	A2	在我看来，我的亲人认为我应该为自己购买再制造产品	0.875	
	A3	在我看来，对我重要的绝大部分人认为我应该为自己购买再制造产品	0.840	

续表

变量	编号	题项	因子负荷	Cronbach α
行为态度	B1	我感觉为自己购买再制造产品的行为是愚蠢的	0.787	0.735
	B2	我感觉为自己购买再制造产品的行为是正确的	0.767	
	B3	我感觉为自己购买再制造产品的行为是理智的	−0.700	
品牌延伸	C1	我很乐意购买我熟悉的品牌所推出的再制造产品	0.822	0.724
	C2	性能相当情况下，即使价格稍高，我还是会购买我熟悉品牌推出的再制造产品	0.811	
	C3	如果下次购买同类产品，我还是会是选择该品牌的再制造产品	0.637	
感知风险	D1	再制造品的质量、使用性能不如新品	0.866	0.837
	D2	再制造品安全性能不如新品，可能会威胁自己及他人人身安全，如再制造发动机	0.852	
	D3	再制造产品的质量、性能等方面出现问题并造成经济损失的可能性更大	0.808	
	D4	再制造产品的售后服务不如新品，在产品维修、退换货方面会浪费时间	0.729	
购买意向	E1	在下次为自己购买产品时，会购买再制造产品	0.782	0.698
	E2	在下次为自己购买产品时，首先考虑购买再制造产品	0.649	

研究结果显示，最后形成 5 个因子维度：主观规范、行为态度、品牌延伸、感知风险、购买意向，5 个因子的累计方差贡献率为 72.83%，KMO 值为 0.812，变量的 Cronbach α 值大多大于 0.7（感知风险为 0.837、主观规范为 0.873、行为态度 0.848、品牌延伸 0.724、购买意向 0.698），说明变量的测量结果是可信的，即量表可信度较高，能够满足本研究要求。

（2）效度检验。

在进行效度分析之前，对 15 个研究项目做因子分析。从因子分析可以发现，旋转后因子载荷均大于 0.6，旋转后累计方差贡献率可达72.440%，达到了效度分析的判定值 50.00%，即本量表具有较好的效度，能够满足本研究的要求。见表 6.4。

表 6.4　　　　　　　　　　旋转后的因子载荷和累计方差贡献率

变量	编号	旋转后因子载荷	累计方差贡献率
主观规范	A1	0.839	18.470%
	A2	0.891	
	A3	0.875	
行为态度	B1	0.731	35.054%
	B2	0.759	
	B3	0.743	
品牌延伸	C1	0.629	48.725%
	C2	0.809	
	C3	0.822	
感知风险	D1	0.807	61.766%
	D2	0.868	
	D3	0.851	
	D4	0.729	
购买意向	E1	0.670	72.440%
	E2	0.794	

对于量表而言，只检验信度还是不够的，因为高信度的量表也可能是无效的，因而需要对量表做效度检验。本研究采用 AMOS 17.0 对关键变量进行验证性因素分析（CFA）分析。分析结果显示，相较于其他因子模型，五因子模型吻合得比较好 $[\chi^2(5) = 72.79，p < 0.01；RMSEA = 0.036，AGFI = 0.916 > 0.80，CFI = 0.977 > 0.90，N - NFI = 0.958 > 0.90]$，而且这一模型要显著地优于其他因子模型的拟合优度，表明测量具有较好的区分效度。

在内容效度方面，本研究所采用的问卷是在前人的理论基础上，结合再制造产品的特性，听取了相关专家意见，并在参考了大量该领域及相关领域的研究量表和项目指标的基础上设计而成。因此，可以说该量表具有较高的内容效度。

通过以上研究可知，本次研究所采用的量表的信度和效度很高，可以继续进行研究。

5. 消费者购买意向影响因素确定

（1）相关性分析。

采用 SPSS20.0 软件对调查问卷进行相关性分析，如表 6.5 所示，主观规范与购买意向显著正相关（$r = 0.390^{**}$，$p < 0.01$）；行为态度与购买意向显著正相关（$r = 0.428^{**}$，$p < 0.01$）；品牌延伸与购买意向显著正相关（$r = 0.488^{**}$，$p < 0.01$）；感知风险与购买意向显著负相关（$r = -0.209^{**}$，$p < 0.01$）。

表 6.5　　　　　　　　　　各变量的 Pearson 相关系数

	主观规范	行为态度	品牌延伸	感知风险	购买意向
主观规范	1				
行为态度	0.360^{**}	1			
品牌延伸	0.295^{**}	0.403^{**}			
感知风险	-0.124^{**}	0.145^{**}	0.08		
购买意向	0.390^{**}	0.428^{**}	0.488^{**}	-0.209^{**}	1

注：星号表示显著性，$*$ 表示 $p < 0.05$，$**$ 表示 $p < 0.01$。

（2）理论模型的结构方程分析。

本次调查研究采用结构方程的方式对比两个理论模型和收集到的数据的拟合情况。采用结构方程分析的原理，经 AMOS 分析，两个模型的主要拟合指数见表 6.6。

表 6.6　　　　　　　　　　模型拟合指数一览

拟合指数	χ^2	df	χ^2/df	P 值	RMSEA	GFI	NFI
模型一	93.553	18	5.197	0.000	0.095	0.952	0.943
模型二	392.533	86	4.564	0.000	0.091	0.905	0.902

经 AMOS 分析，本研究中模型一和模型二的拟合度都很好，其中模型一：$\chi^2/df = 5.197$，RMSEA $= 0.095$，GFI $= 0.952$，CFI $= 0.902$，模型二：$\chi^2/df = 4.564$，RMSEA $= 0.091$，GFI $= 0.955$，CFI $= 0.902$，但相比而言，模型一的 χ^2/df 大于模型二的 χ^2/df，且模型一的 RMSEA 大于模型二的 RMSEA，这说明模型二的拟合度比模型一要好一些。为了更加明确变量之间的相互关系，将以上两个模型的路径图展现，见图 6.3 和图 6.4。

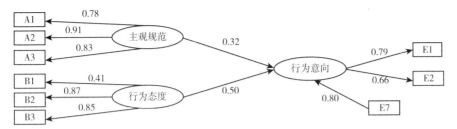

图 6.3　模型一路径

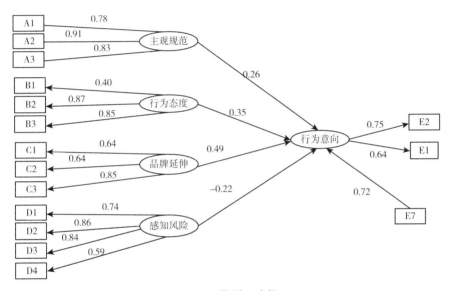

图 6.4　模型二路径

由图 6.3 可以看出，主观规范与购买意向的路径系数为 0.32，而行为态度与购买意向的路径系数为 0.50。

由图 6.4 可以看出，主观规范与购买意向的路径系数为 0.26，行为态度与购买意向的路径系数为 0.35，品牌延伸与购买意向的路径系数为 0.49，感知风险与购买意向的路径系数为 - 0.22。

从上述分析可以看出，经过修正的合理行为模型拟合度要优于合理行为模型，本章所提出的研究假设得到初步支持，即主观规范、行为态度、品牌延伸和感知风险都是我国再制造产品消费者购买意向的影响因素。同时，行为态度对我国再制造产品消费者购买意向的影响力（0.35）大于主观规范的影响力（0.26）。这不同于以往部分学者认为，主观规范对我国消费者购买意向的影响要大于行为态度的影响（Dickson，2004）。这可能由于我国消费者在选择购买产品时，更多地考虑别人的意见、自己及他人的购买经验等，而再制造产品在我国属于新兴产品，市场普及率和产品知名度并不高，消费者可以参考的他人意见或购买经验并不多，其购买与否很大程度上只能依赖个人的主观态度。

6.3　再制造产业知识产权运用的市场推广规划

出色的市场推广必须以良好的营销战略为前提，而营销战略的核心就是市场细分、目标市场选择与定位，即STP市场定位理论（于政，2012）。美国营销学家科特勒在史密斯提出的市场细分理论的基础上，发展并形成了完善的STP市场定位理论，即市场细分、目标市场、市场定位。STP理论是指企业在一定的市场细分的基础上，把产品或服务定位在目标市场中的确定位置上，通过一系列营销策略向目标消费者传达这一定位信息，让他们感知到这就是他们所需要的。

6.3.1　市场细分

根据市场营销学理论，消费者的市场需求具有一定的同质性需求和异质性需求，虽然不同消费者的需求是不一样的（即异质性需求），但在同一社会文化、地理区位等背景下的消费者，也存在一定的需求相似性（即同质性需求）。可以据此将消费者划分为不同的细分市场群体，以发现不同变量下的同类细分市场上消费者的同质性需求信息，再结合企业的产品或服务特点、企业发展战略、资源禀赋等情况选择一个细分市场作为目标市场，从而使企业可以将有限的资源投入到目标市场中，采取有针对性的市场营销策略，提高企业市场竞争优势。

本节以主观规范、行为态度、品牌延伸、感知风险四个影响因素为市场细分变量，对消费者进行聚类分析。首先，对主观规范、行为态度、品牌延伸、感知风险的因子得分进行聚类分析，将其离散分组。其次，利用两步聚类分析法对调查的消费者进行市场细分，通过BIC值、AIC值与各类之间最短距离变化量来确定最佳分类个数。最后，进行市场细分并验证聚类结果。本研究将再制造产品消费者细分为三类，如表6.7所示，

Silhouette统计值 >0.4，表明聚类质量尚好（陈转青，2013）。

表 6.7　　　　　　　　再制造产品消费者市场细分信息

类别名称	被动接受型				质量驱动型				绿色消费型			
因子得分均值	感知风险	主观规范	行为态度	品牌延伸	感知风险	主观规范	行为态度	品牌延伸	感知风险	主观规范	行为态度	品牌延伸
	-0.65	0.26	-1.39	-0.48	-2.08	1.15	-0.21	0.73	0.84	0.20	0.14	-0.30
描述性统计 人数比例	238 人（48.1%）				129 人（26%）				128 人（25.9%）			
年龄	40 岁				25 岁				30 岁			
年收入	12 万元				3 万元				6 万元			

（1）被动接受型。消费者的四个因子得分都较低，而主观规范相对较高，表明这部分消费者主观购买意愿较低，受社会规范影响较大。这可能由以下原因导致：一是这部分消费者收入较高，倾向选择新产品；二是这类消费者不关心或未认识到再制造产品的环保价值，购买的主观态度并不高；三是这部分消费者年龄较大，对新鲜事物接受较慢。但是，这部分消费者经济基础较好，在社会上会具有一定地位，受社会规范的影响较大。同时，此类消费者人数最多，所占比例最大，反映出现阶段消费者对再制造产品接受度较低。

（2）质量驱动型。消费者品牌延伸得分较高，而感知风险得分较低，意味着这部分消费者非常重视产品质量。一方面是收入较低，希望买到的产品能够耐用，而他们比较年轻，相对比较重视品牌；另一方面是观念问题，环保并没有引起他们的足够重视，或他们尚未认识到再制造产品的环保价值。

（3）绿色消费型。消费者感知风险、主观规范和行为态度都为正值，品牌延伸为负值，说明这部分消费者考虑到再制造产品具有巨大的经济、社会和环境效益。虽然认同再制造产品存在一定的风险性，但并不太在意感知风险，因而主观上乐于去接受具有生态环保价值的再制造产品。而且，这部分消费者大多经济基础较好，购买潜力大，应是当前再制造产品市场开拓的主要目标市场之一。

6.3.2 目标市场

著名的市场营销学者麦卡锡提出了应当把消费者看作一个特定的群体，称为目标市场。目标市场就是通过市场细分后，企业准备以相应的产品和服务满足其需要的一个或几个子市场。通过市场细分，有利于明确目标市场，通过市场推广策略的应用，有利于满足目标市场的需要，因为不是所有的子市场对本企业都有吸引力，任何企业都没有足够的人力资源和资金满足整个市场或追求过分大的目标，只有扬长避短，找到有利于发挥本企业现有的人、财、物优势的目标市场，才能发挥企业的比较优势，迅速扩大自己的市场份额。

根据 6.3.1 节的分析，再制造产品消费者可以被细分为被动接受型、质量驱动型和绿色消费型三类，每类消费者之间存在需求的差异性，而同类消费者之间又存在需求的相似性。总体来看，绿色消费型消费者具有较好的生态环保观念，从主观上乐于接受再制造产品，愿意为了生态环境利益而接受具有一定感知风险的再制造产品，因而也最容易被发展为再制造产品的消费者。质量驱动型消费者更担心再制造产品的质量问题，只要质量被认可，也会乐于接受再制造产品，但这需要一定的时间和过程。被动接受型消费者最不认可再制造产品，但受社会规范的影响较大，再制造产品质量得到社会的认可，在市场上行形成一定的气候后，部分被动接受型消费者也会发展成为再制造产品的消费者，然而这需要更长的时间和过程，也是难度最大的。

通过分析可以看出，绿色消费型消费者是当前再制造产品的主要消费群体，质量驱动型消费者是再制造产品的次要消费群体，被动接受型消费者是再制造产品的潜在消费群体。

6.3.3 市场定位

市场定位就是企业根据目标市场上同类产品竞争状况，针对顾客对该类产品某些特征或属性的重视程度，为本企业产品塑造强有力的、与众不同的鲜明个性，并将其形象生动地传递给顾客，求得顾客认同。市场定位的实质是使本企业与其他企业严格区分开来，使顾客明显感觉和认识到这种差别，从而在顾客心目中占有特殊的位置。

产品是多个因素的综合反映，包括性能、构造、包装、质量等，再制造产品亦是如此，市场定位就是要强化或放大某些产品因素，从而形成与众不同的独特形象。再制造是对废旧产品的回收再利用，采用专门的工艺和技术，在原有制造的基础上进行一次新的制造，而且重新制造出来的产品无论是性能还是质量都不亚于原先的新品，让废旧产品重新焕发生命力，是循环经济"再利用"的高级形式。与制造新品相比，再制造产品可节省成本 50%，节能 60%，节材 70%，几乎不产生固体废物，对于缓解资源能源危机、解决环境污染和生态破坏的问题具有重大的意义。可以看出，绿色环保属性是再制造产品区别于原产品的最大属性。

因此，建议将再制造产品的市场定位于绿色环保产品，以此吸引广大消费者的眼球，增加对再制造产品的购买。米肖（Michaud，2011）等利用实验经济学方法也证明了，拥有环保消费价值观的消费者在得知再制造品的环境效益后，会增加其支付意愿。

6.4 再制造产业知识产权运用的市场推广策略

再制造产业知识产权运用的市场推广策略以麦卡锡提出的 4P 理论为指导，包括：产品策略（product）、价格策略（price）、渠道策略（place）和促销策略（promotion）。企业市场营销的最终目的是满足消费者需求，而消费者的市场需求是多层次、多方面的，如价格、质量等，同类细分市场上的消费者之间存在一定的同质性需求。因而，根据每类细分市场的特点，从产品、渠道、促销三个方面为各类细分市场制定了产品策略、渠道策略和促销策略，对于再制造产品价格，笔者建议应该实行统一的价格策略。

6.4.1 产品策略

产品是市场营销策略的基础，是企业发展的基石，企业在制定营销策略之前首先需要确定的是提供什么样的产品来满足消费者的需求，而不同细分市场对产品的需求有所不同。根据 6.3 节对再制造产品消费者的分类，结合再制造产品的特性，对每类细分市场的产品策略提出建议，当然，确保再制造产品质量能够"达到或超过新产品"是每一类细分市场产品策略的前提和基础。

（1）被动接受型消费者。对此类消费者的产品策略重点是加强对再制造产品的质量宣传，提升产品形象。首先，努力提升再制造产品品牌形象，在对再制造产品质量做出具体保证的同时，争取获得环保产品认证、绿色产品认证等，提升再制造产品品牌形象。其次，为消费者提供优质服务，使消费者在购买再制造产品前后能够获得更大的效用和满足。仅仅依靠技术因素，再制造产品很难获得消费者的接受和认可，也难以维持长远的竞争优势，这部分消费者年龄较大，对再制造产品接受较慢，具有一定的排斥心理，必须通过优质的服务策略来刺激这部分消费者的需求，例如，认真接待来访的消费者、承诺在消费者购买前后给予技术咨询与服务支持、产品质量和售后服务承诺等，提高再制造产品的附加利益，使消费者能够有体面的消费，增加消费者对再制造产品的购买。

（2）质量驱动型消费者。对此类消费者的产品策略重点是确保再制造产品的质量，解除消费者对再制造产品质量的疑虑。首先，尽快制定产品技术标准，对再制造产品质量、结构和检验规则等做出明确规定并公布于社会，接受消费者的监督，降低消费者对产品质量的感知风险。其次，制定和完善售后服务制度，解决消费者使用时的后顾之忧。消费者对购买再制造产品的可使用性问题关注度较高，如果再制造商制定了完善的售后服务制度，为消费者提供满意的功能介绍、使用方法、注意事项、技术支持、故障维修、产品升级等服务，必将极大地改变消费者对再制造产品的认识，提高对再制造产品的购买意向。最后，实行品牌延伸策略，降低消费者对再制造产品质量的疑虑，利用原有品牌的市场地位和声誉获得消费者对再制造产品的认可。

（3）绿色消费型消费者。对此类消费者产品策略的重点是不断推出新产品，通过不断试错来找到适合市场需求的再制造产品。首先，采用产品差异化策略，突出再制造产品和服务特色，例如，在包装上，采用再生纸包装，外观上突出绿色环保特性，吸引消费者关注。其次，不断延长产品线，为消费者已经在使用的再制造产品生产再制造零配件，如为再制造打印机用户提供再制造硒鼓，增加消费者对再制造产品的购买。最后，拓宽产品组合宽度，通过不同的产品线提供不同的再制造产品，不断提高消费者对再制造产品的需求，提供适销对路的产品。

6.4.2　渠道策略

渠道策略也称为分销策略，是促使某种产品和服务顺利经由市场交换过程，转移给消费者消费使用的一整套相互依存的组织，是市场营销组合策略的重要组成部分，影响着产品能否顺利地由制造商转移给消费者。本节结合消费者的特点，对每类细分市场的渠道策略提出了具体建议。

（1）被动接受型消费者。对此类消费者的渠道策略既要具有方便可行性，又要能够起到提高消费者信任度的作用。这部分消费者对再制造产品怀有疑虑，不愿意主动地去接受，但是，他们的社会地位又使他们比较在意社会规范的影响，同时，他们经济基础较好，购买能力较强，如果合理引导，能够产生很好的市场效果。因此，对此类消费者采用"原产品店铺 + 雇佣推销员"的渠道模式，在原产品店铺销售能增加消费者的信任感，推销员可以直接面对消费者，及时解答消费者消费过程中的疑问，获取市场反馈信息，从而提供符合市场需求的再制造产品。

（2）质量驱动型消费者。对此类消费者渠道策略的重点是增加消费者对再制造产品质量的认可，降低消费者对再制造产品质量风险的感知。首先，在现阶段，为充分了解这部分消费者的市场行情、明确市场需求和更好地服务消费者，再制造商应实行直接渠道销售模式，成立自己的零售商，将再制造产品直接销售给消费者，及时得到消费者反馈，为消费者提供符合市场需求的再制造产品，也通过制造商直接面对消费者的方式，降低消费者对再制造产品的感知风险，而如果选择间接渠道策略，会使产品质量水平有所下降（朱立龙，2014）。其次，随着产业的进一步发展，为了进一步扩大市场占有率，再制造商应逐步完善销售渠道策略，探索选择信誉度高、具有知名品牌的经销商作为自己的代理商，通过收取保证金等方式增强对代理商的控制力度，保证再制造产品质量。最后，再制造商要加强企业的闭环供应链渠道建设，企业的代理商不仅负责再制造产品的销售、维修，还可以负责消费后的再制造产品的回收，拓展服务范围，通过提供再制造产品的全生命周期服务降低消费者对再制造产品的质量感知风险。

（3）绿色消费型消费者。对此类消费者渠道策略的重点是打造便捷的再制造产品购买渠道，方便这部分消费者购买。首先，依托新产品原有的销售网点、维修网点等传统渠道进行销售，一方面，消费者在选择购买新产品或者维修产品时就可以了解到再制造产品或零配件的信息，起到一定的宣传推广作用；另一方面，在传统渠道销售，也能增加消费者对再制造产品的信任度，提高消费者购买的可能性。其次，探索应用目录营销方式，以再制造产品目录作为信息传播载体，有针对性地通过电话、邮件、直邮、互联网等向目标市场发布产品信息，直接面向消费者，获得信息反馈。最后，完善再制造产品网络销售平台，为这部分消费者提供便捷的再制造产品消费通道，网络销售模式具有很大的优势，例如方便消费者查询、产品信息量大、更新速度快、宣传推广成本低、直接面向消费者等。

6.4.3 促销策略

促销是企业通过人员和非人员的方式，沟通企业与消费者之间的信息，引发、刺激消费者的消费欲望和兴趣，使其产生购买行为的活动。促销能够向消费者传递产品信息，强化对产品的认知，吸引消费者对企业产品的关注，是企业在市场竞争中获取竞争优势和经济利益的必要保证。本节结合消费者的特点，对每类细分市场的促销策略提出了具体建议。

（1）被动接受型消费者。对此类消费者促销策略的重点是宣传再制造产品的生态环保价值，提高消费者的社会责任感，营造关注生态环保的社会氛围。首先，运用广告促销策略，加大对再制造产品质量和环保性的宣传力度，让消费者认识到再制造产品的价值，改变消费者对再制造产品的认识和态度，激发消费者的购买欲望。其次，采取公共关系促销策略，在新产品宣传的同时，通过在公众刊物上发表新闻稿、赞助废旧产品回收和再利用公益活动、主动联系媒体等形式加大环保公益宣传，提高消费者的社会责任感，营造大众关注环保的社会氛围。最后，积极推进政府购买，利用政府采购提高再制造产品的公信力。

（2）质量驱动型消费者。对此类消费者促销策略的重点是增加消费者购买体验，并通过多种营业推广方式吸引消费者的关注。按照国家相关要求，再制造产品的质量是没有问题的，要通过增加此类消费者对再制造产品的体验，转变他们对再制造产品的认识误区。首先，采用试样促销，很多消费者会认为购买再制造产品时会存在一定的风险性，包括产品质量、性能等，从而不愿意购买，所以，可以通过在零售店免费试用、邮寄试样给消费者等方式，给予消费者试用再制造产品的机会，增加消费者的认同感，据研究，试样能够增加40%左右的零售额（麦克丹尼尔，2009）。其次，发展"捆绑销售"模式，消费者在购买新产品时，可以用很优惠的价格甚至免费得到该产品的再制造零配件，让消费者切身体验再制造产品的质量。最后，辅以降价、折扣、现金赠券、赠品等促销手段来激发这部分消费者的购买欲望。

（3）绿色消费型消费者。对此类消费者促销策略的重点是广而告之，将新再制造产品告知消费者，并游说他们购买。首先，产品广告策略，此类消费者的广告策略的主要功能是产品告知和游说，因此，属于开拓性产品广告，深入细致地向消费者介绍再制造产品的质量、功能、生态环保等特性，激发消费者的购买兴趣，增加消费者对再制造产品的购买，当消费者对某一产品具有积极的印象时，如果企业继续加大宣传力度，会激发这部分消费者的购买欲望，增加消费者对再制造产品的购买。其次，这部分消费者主观上乐于接受再制造产品，顾客相对集中，采取人员推销的方式重点营销，详细的介绍再制造产品性能，说服他们接受再制造产品，及时解答消费者的疑虑和问题，而且，采用人员推销的方式，还能够及时获取消费信息反馈，发掘潜在市场机会。最后，贯彻执行"以旧换再"政策，扩大再制造产品市场占有率，形成消费者对再制造产品的持续购买。

6.4.4　价格策略

当前市场条件下，再制造产品的价格低于新产品，大部分占同类新产品市场价格的 50% ~ 90%，具体到某一类再制造产品，不建议对每类细分市场制定不同的价格策略，因为，差别性定价在实践中的可操作性不强，也容易引起消费者的不满。因此，借鉴需求价格弹性理论，对再制造产品制定了统一的价格策略，提出具体建议。

1. 需求价格弹性理论

需求价格弹性表示在一定时期内一种产品的需求量变动对于该产品的价格变动的反应程度。或者说，表示在一定时期内当一种产品的价格变动 1% 时所引起的产品的需求量变化的百分比（高鸿业，2011）。需求价格弹性系数等于需求量的变动率与价格变动率，见式（6.1）。

$$e_d = -\frac{\Delta Q}{Q} \Big/ \frac{\Delta P}{P} = -\frac{\Delta Q}{\Delta P} \cdot \frac{P}{Q} \tag{6.1}$$

其中，e_d 代表需求的价格弹性系数，Q 代表产品需求量，ΔQ 代表产品需求量的变动率，P 代表产品价格，ΔP 代表产品价格的变动率。

需求价格弹性和产品销售收入之间存在着密切的联系。需求价格弹性反映的是，当产品价格变动1%时，需求量变动的百分比是多大，即产品价格 P 发生变化时，该产品的需求量 Q 也会发生变化，进而导致该产品的销售收入 $P \cdot Q$ 也发生变化，根据变化情况的不同，可以将产品分为三类：富有弹性的产品、缺乏弹性的产品和单位弹性的产品。富有弹性的产品（$e_d > 1$）：产品需求量的变动对于价格变动的反应程度是比较敏感的，产品销售收入与产品价格成反比，即产品销售收入随产品价格的降低而增加；缺乏弹性的产品（$e_d < 1$）：产品需求量的变动对于价格变动的反应程度不敏感，产品销售收入与产品价格成正比，即产品销售收入随产品价格的降低而减少；单位弹性的产品（$e_d = 1$）：需求的变动等于价格的变动的反应程度，产品销售收入不随价格的变动而变动（高鸿业，2011）。

假设某一个产品可能是富有弹性的产品，也可能是缺乏弹性的产品或单位弹性的产品，在图6.5中分析在不同情形下该产品销售收入与价格变动的关系。当该产品是富有弹性的产品时，曲线 S 是其需求曲线，当产品价格为 m 时，其销售收入相当于矩形 $mafO$ 的面积，当价格降为 n 时，其销售收入面积相当于矩形 $nbrO$ 的面积，从图中可以明显看出，矩形 $nbrO$ 的面积大于矩形 $mafO$ 的面积，即该产品的销售收入随着价格的降低而增加；当该产品为缺乏弹性的产品时，曲线 T 是其需求曲线，当产品价格为 m 时，其销售收入相当于矩形 $mafO$ 的面积，当价格降为 n 时，其销售收入面积相当于矩形 $ndgO$ 的面积，从图中可以明显看出，矩形 $mafO$ 的面积大于 $ndgO$ 矩形的面积，即该产品的销售收入随着价格的降低而减少；当该产品为单位弹性的产品时，曲线 K 是其需求曲线，当产品价格为 m 时，其销售收入相当于矩形 $mafO$ 的面积，当价格降为 n 时，其销售收入面积相当于矩形 $nehO$ 的面积，经过计算可知，矩形 $mafO$ 的面积等于 $nehO$ 矩形的面积，即该产品的销售收入与价格变动无关。

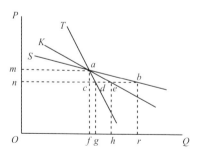

图6.5　需求的价格弹性与销售收入关系分析

2. 再制造产品价格策略建议

产品价格需求弹性是多种因素作用的结果，比如产品对消费者的重要程度、产品的可替代性等，要根据产品的具体情况进行分析。

作者认为，再制造产品发生故障后的损害性是再制造产品需求价格弹性的主要影响因素。因为现阶段，消费者对再制造产品的认识存在一定的误区，主要是对再制造产品质量的担忧，认为再制造是翻新品、残次品、有缺陷的产品等，市场接受度和认可度不高。如果产品发生故障后，不会给消费者带来极大的财产损失或巨大的人身伤害，则该商品属于富有弹性的商品（$e_d > 1$），即这类再制造产品的销售量可能会随着价格的变动而发生较大的变动，如再制造打印机、再制造钻孔机等，消费者对这些产品也有质量问题的担心，但并不会严重威胁消费者的人身财产安全，因而，当这些产品价格下降时，消费者会增加对这些产品的购买。如果产品发生故障后，给消费者带来极大的财产损失或巨大的人身伤害，则该商品属于缺乏弹性的商品（$e_d < 1$），即这类再制造产品的销售量不会随价格的变动而发生极大的变动，如再制造发动机，如果发动机产生故障，可能会给使用者带来极大的损害，所以，相比其他再制造产品而言，消费者首先关注的是再制造发动机的质量。

因此，对于富有弹性的再制造产品，可以制定一个较低的价格，来刺激消费者对再制造产品的购买，迅速扩大再制造产品的市场份额，增加消费者对再制造产品的体验，转变消费者对再制造产品的认识误区，而且，根据需求价格弹性理论，对于富有弹性的产品，降低产品价格能够增加再制造商的销售收入；对于缺乏弹性的再制造产品，低价策略并起不到很大的带动作用，应该主要通过加大宣传、增加质量保证措施等来降低消费者对产品的质量风险感知，逐渐转变对再制造产品的认识和增加对再制造产品的购买。同时，现阶段应该重点推广富有弹性的再制造产品，通过实行低价策略，增加消费者对再制造产品的购买，迅速扩大再制造产品的市场占有率，提高消费者对再制造产品的认识，转变消费者对再制造产品的认识误区，然后，再逐步推广缺乏弹性的再制造产品。

6.5　本 章 小 结

产品开发和生产出来以后并不意味着知识产权产业化过程的完成，还要看产品之外的市场选择或社会选择过程，即看产品能否被销售者所认可和接受。再制造产品作为一种新兴产品，又是在废旧产品及零部件基础上生产的产品，无论是再制造产品的理念还是再制造产品本身都不太被消费者所接受，消费者购买意向低，不利于再制造产业的发展。本章主要研究了再制造产业知识产权运用的市场推广策略，不断提高再制造产品的消费者购买意向，主要研究内容和结论如下：

（1）明确了再制造产品消费者购买意向的主要影响因素。以合理行为模型的修正模型确定了我国再制造产品消费者购买意向的影响因素，包括主观规范、行为态度、品牌延伸和感知风险，而且，行为态度对我国再制造产品消费者购买意向的影响力大于主观规范的影响力，这可能由于再制造产品在我国属于新兴产品，普通消费者所能接受到的再制造产品非常有限，消费者可以参考的他人意见或购买经验并不多，其购买与否很大程度上只能依赖个人的主观态度。

（2）制定了再制造产业知识产权运用的市场推广规划。以 STP 理论制定了再制造产业知识产权运用的市场推广规划，运用两步聚类算法对消费者进行市场细分，明确绿色消费型消费者是再制造产业知识产权运用的主要消费群体、质量驱动型消费者是次要消费群体，被动接受型消费者是潜在消费群体，并将再制造产品市场定位于绿色环保产品。

（3）为每类细分市场制定有针对性的市场推广策略。同类细分市场的消费者存在同质性需求，不同类细分市场之间的消费者存在异质性需求，据此分别对各类细分市场提出有针对性的市场营销策略，包括产品策略、价格策略、渠道策略和促销策略，转变消费者对再制造产品的认识，提高再制造产品的市场接受度，推动再制造产业有序快速发展。

第 7 章

再制造产业知识产权
运用的保障体系

　　根据前几章研究内容，再制造产业知识产权运用的实现，需要原制造商同意对再制造商进行知识产权许可，而再制造商需要向原制造商缴纳知识产权使用费；再制造商需要确定合理的合作模式，将与原制造商之间的知识产权许可谈判工作委托给专业的知识产权服务商；再制造商需要确保再制造产品的质量，提高消费者对再制造产品的购买意愿。而这些发展条件不会自发地形成，需要政府、企业等各方面力量的共同作用。因此，本章基于前几章研究的相关结论，结合作者对玉柴再制造工业（苏州）有限公司的实地调研，并借鉴美国促进再制造产业和中国发展较为成熟的汽车再制造产业知识产权运用的发展经验，构建再制造产业知识产权运用的保障体系，包括支持体系、规范体系和促进体系，在分析保障体系的作用与构成的基础上，对每个体系进行了深入研究。保障体系为再制造产业知识产权运用体系的顺利实现创造所需要的发展条件。

7.1　再制造产业知识产权运用的
保障体系的作用与构成

　　再制造产业知识产权运用的有序快速实现很难自发进行，需要政府、企业等各方面力量的共同努力，为知识产权运用创造所需的发展条件，因而，需要制定和不断完善再制造产业知识产权运用的保障体系。基于此，本节研究了再制造产业知识产权运用的保障体系的作用和构成。

7.1.1 再制造产业知识产权运用的保障体系的作用

再制造产业知识产权运用的保障体系的主要作用是为再制造产业知识产权运用的有序快速实现创造所需的发展条件。学者向东等把再制造分为再制造之前、进行再制造、再制造之后三个阶段。再制造之前企业面临着废旧产品的回收，进行再制造时企业面临着生产成本和进项税的问题，再制造之后企业面临着再制造产品的销售问题；废旧产品在回收时，面临着非正规渠道的竞争，使其回收量只占总回收量，严重影响再制造原料的获得；在进行再制造时，再制造生产成本较高，丧失在汽车零部件市场中的竞争优势；再制造产品进行销售时，消费者对汽车再制造零部件了解甚少，认为其为"二手货"或"翻新机"，不选择购买再制造产品。结合前文研究内容，由于以下几个方面的原因，需要发挥保障体系的作用，为再制造产业知识产权运用的实现创造内外部条件或环境。

1. 为再制造产业知识产权运用的实现创造前提和基础条件

再制造产业知识产权运用的实现需要一定的前提和基础条件，包括充足的废旧产品件供应、再制造技术、原制造商同意对再制造商进行知识产权许可及知识产权服务业的快速发展等，而这些都需要政府、企业为之塑造特定的发展环境。

首先，拥有充足的废旧产品来源是再制造产业知识产权运用实现的前提，但我国废旧产品回收体系不健全，正规回收处理企业的回收量不足，据商务部统计，具有一定规模的正规企业废旧产品回收量仅占回收总量的10%~20%。其次，先进的再制造技术是再制造产业知识产权运用的基础，废旧产品中的部分零部件在使用过程中可能已经被磨损、划伤等，需要依托于先进的技术、工艺等进行检测、修复后再利用。再次，根据4.2节研究内容，废旧产品中含有的知识产权应该属于原制造商，再制造商必须要得到原制造商的知识产权许可，但第3章研究内容指出，原制造商可能不会同意对再制造商进行知识产权许可，因此，如何促使原制造商同意对再制造商进行知识产权许可也是本书所要研究的重要内容。最后，根据1.2节研究对象界定，本书的再制造商会将与原制造商进行知识产权许可谈判的任务委托给知识产权服务商进行，因而，知识产权服务业的快速发展也是再制造产业知识产权运用的重要前提条件。

2. 为再制造产业知识产权运用的规范有序实现创造条件

产业发展只有按照有序的原则进行，才能保证其良性健康，才有可持续性。再制造产业知识产权运用的实现必须是一种可持续发展的模式，因而，再制造产业知识产权运用的实现需要良好的市场经济秩序。

首先，由3.3节内容可知，原制造商和再制造商之间存在知识产权冲突，双方的知识产权权利和义务关系不明确，不利于再制造产业的规范有序发展，因此，必须要完善再制造产业知识产权相关法律法规，为再制造产业知识产权运用的规范有序实现奠定法律基础。其次，再制造产业知识产权运用的规范有序实现离不开良好的市场经济秩序，更离不开高效的政府管理和调控，因此，必须要探索完善再制造产业知识产权运用的政府管理制度。最后，第6章研究内容指出，再制造产品是在废旧产品基础上生产的产品，容易让人联想到翻新等概念，而实际上，按照相关要求，再制造产品的质量性能必须要达到或超过新产品，但是，我国再制造产品标准和认证体系尚不完善，很多再制造产品尚没有完善的产品技术规定和要求，导致再制造产品质量控制操作困难，因而，必须要不断完善再制造标准体系，确保为消费者提供合格的再制造产品。

3. 为再制造产业知识产权运用的快速实现创造条件

知识产权具有时效性，随着社会的不断发展，新的技术创新不断出现，逐步替代原有的产品技术，即知识产权如果不能得到及时运用，必然会因落后而逐渐失去价值。特别是再制造产业，大部分再制造零部件也只能应用在原来型号的产品当中，而如果原来型号的产品被淘汰，则再制造产品也失去了存在的价值。因此，必须要提高再制造产业知识产权运用的速度。

首先，第3章研究内容指出，再制造产业具有公益性、准公共物品属性、很强的产业关联性和双重外部性等特点，是一种典型的制度经济，其发展需要政府的主导作用，而政府对知识产权产业化的支持力度对产业化实施成功率具有重要的影响。因此，政府部门应该制定一系列的支持政策，推动再制造产业知识产权运用的快速实现。其次，第6章研究内容指出，现阶段，我国消费者对再制造产品的认识还存在一定的误区，市场接受度不高，而消费者是再制造产业知识产权运用的重要主体，必须要探索转变消费者对再制造产品的认识误区，提高消费者对再制造产品的购买意愿，促进再制造产业知识产权运用的实现。

总之，再制造产业知识产权运用的有序快速实现还缺少必要的发展条件，需要政府、企业等共同创造，需要逐步构建完善再制造产业知识产权运用的保障体系，保障再制造产业知识产权运用的有序快速实现。

7.1.2　再制造产业知识产权运用的保障体系的框架

再制造产业知识产权运用的有序快速实现很难自发进行，需要政府、企业等为其创造必要的发展条件，根据上述分析，结合再制造产业的发展阶段及再制造产业有序快速发展所需要的条件，构建包括支持体系、规范体系和促进体系在内的再制造产业知识产权运用的保障体系，如图 7.1 所示，三个体系之间相互配合、相互协调，共同推动再制造产业知识产权运用的实现。

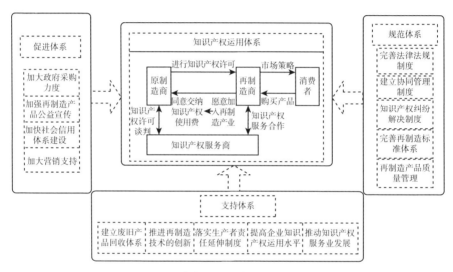

图 7.1　再制造产业知识产权运用的保障体系

从图 7.1 可以看出，再制造产业知识产权运用的保障体系主要包括支持体系、规范体系和促进体系。支持体系是为再制造产业知识产权运用的实现创造基础性条件，规范体系是为再制造产业知识产权运用的有序实现创造发展条件，促进体系是为再制造产业知识产权运用的快速实现创造发展条件，各体系相互配合，共同为再制造产业有序快速发展创造条件。下面几节分别对支持体系、规范体系和促进体系的内容展开研究，提出具体的对策建议。

同时，汽车再制造产业是我国发展比较成熟的细分产业，可以为我国再制造产业整体发展起到一定借鉴作用。2008 年，国家发改委发布《国

家发展改革委办公厅关于组织开展汽车零部件再制造试点工作的通知》，
确定中国第一汽车集团公司等 14 家企业为第一批汽车零部件再制造试点
单位，2013 年，又审核确定了第二批再制造试点单位。汽车零部件再制
造试点工作的进行，拉开了我国汽车再制造产业快速发展的序幕。近年
来，我国汽车再制造产业快速发展，市场规模不断扩大，从 2005 年产值
不足 0.5 亿元，发展到 2012 年的 80 亿元，2013 年更高达 154 亿元（中国
循环经济协会，2015）。据统计，2015 年，我国再制造发动机产量达到
3.2 万多件，再制造变速箱达到 6.1 万多件，仅发动机的市场价值达 73 亿
元，变速箱市场价值大约为 37 亿元（李春艳，2016）；而且，汽车零部件
再制造企业在我国再制造企业中数量是最多的，占比达 27%。由此可见，
汽车再制造产业是我国发展较为成熟的细分产业。目前，我国正在大力推
行汽车零部件再制造试点工作，事实上，也是在大力提高废旧汽车零部件
中含有的知识产权运用水平，生产汽车再制造零部件，提高消费者的购买
意向，推动汽车再制造产业有序快速发展，已经积累了很多产业发展和管
理经验，可以为我国再制造产业整体发展起到一定借鉴作用。

7.2　再制造产业知识产权运用的支持体系

　　支持体系是为再制造产业知识产权运用的实现创造基础性条件，确保
能够进行再制造。结合本书研究内容，再制造产业知识产权运用的基础性
条件包括充足的废旧产品供应，否则就没有再制造的原材料；持续的再制
造技术进步，否则再制造商无法对废旧产品进行再制造；原制造商同意对
再制造商进行知识产权许可，并愿意提供原产品的技术参数指标，否则就
没有合法的再制造，甚至无法从事再制造；高度发达的知识产权服务业，
否则再制造商就无法获得专业的知识产权服务。因此，再制造产业知识产
权运用的支持体系包括以下几方面内容，如图 7.2 所示。

1. 建立废旧产品的回收体系，保证再制造原材料供应

　　再制造产业知识产权运用是废旧产品中含有的知识产权的运用，充足
的废旧产品供应是再制造产业知识产权运用实现的前提和基础。建议从以
下几方面完善废旧产品回收体系。

　　完善废旧产品回收相关法律法规。一方面，建立健全废旧产品回收法
规体系，将废旧产品回收处理纳入法制化轨道，明确相关主体责任，建立

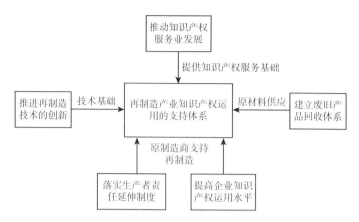

图 7.2　再制造产业知识产权运用的支持体系

回收渠道，制定政府管理模式。另一方面，及时修订废旧产品回收领域内不符合当前社会发展需求的相关法律法规，指导和促进废旧产品的回收。例如，为了解决原来报废汽车"五大总成"不能再利用的问题，2016 年 9 月，国务院发布的《关于修改〈报废汽车回收管理办法〉的决定（征求意见稿）》中规定：拆解的报废汽车"五大总成"，应当作为废金属，交售给钢铁企业作为冶炼原料，或者按照国务院报废汽车回收主管部门会同国务院循环经济发展综合管理部门制定的有关规定交售给零部件再制造企业；拆解的其他零配件能够继续使用的，可以出售，但应当标明"报废汽车回用件"，即允许报废汽车"五大总成"交售给再制造企业，保证汽车再制造产业的原材料供应。

　　建立废旧产品回收协同管理制度。当前，我国废旧产品回收体系存在多头管理现象，国务院、国家发改委、商务部、供销合作社等都在积极推进再生资源回收利用体系建设，例如，国务院于 2011 年颁布《国务院办公厅关于建立完整的先进的废旧商品回收体系的意见》（本自然段以下简称《意见》），为了深入贯彻落实此《意见》，中华全国供销合作总社于 2012 年颁布《关于加快推进供销合作社废旧商品回收利用体系建设的意见》，商务部等也于 2015 年颁布《再生资源回收体系建设中长期规划（2015～2020）》，多头管理、政出多门的现象极易造成"谁都管、谁都不管"的尴尬局面。因此，建议国务院明确不同部门在回收体系建设中的职责，确定主管部门，依法明晰责任，合理界定各部门权利，各部门分工负责、协同管理，共同推进废旧产品回收体系建设。

2. 不断推进再制造技术创新，为再制造奠定技术基础

废旧产品中部分零部件在使用过程中可能已经被磨损、划伤等，需要依托于先进的技术、工艺等进行检测、修复后再利用。因此，为了保证再制造产业知识产权运用的顺利实施，必须大力推进再制造技术创新。

建立再制造技术服务体系，加强再制造核心关键技术攻关。首先，政府要组织专家研究再制造技术框架体系、核心关键技术及产业发展的技术路线图，重点研究废旧产品寿命评估、无损检测技术及经济环保的拆解、清洗、表面修复、加工、装配、检验等技术，提高再制造关键设备研发生产能力。其次，提高再制造技术创新能力建设，在依托现有的高校、科研院所、企业等基础上，加快建设专门的再制造技术研发创新中心、再制造技术服务中心等，通过设立再制造技术专项研发基金、奖励基金等，加大对再制造核心关键技术的研发和进行产业化示范。最后，搭建再制造技术信息平台，企业可以在信息平台上发布技术供给和技术需求信息，加快先进再制造技术的应用和推广，比如，美国在 20 世纪 90 年代初成立了国家再制造与资源恢复国家中心、再制造研究所等，不断提高美国再制造技术研发水平。

3. 落实生产者责任延伸制度，提高企业社会责任意识

实行生产者责任延伸制度是落实生态文明建设、推进企业社会责任要求的重要内容，其核心是通过引导产品生产者承担产品废弃后的回收和资源化利用责任，激励生产者从产品源头开始考虑废旧产品的回收和再利用问题，其中，授权第三方再制造商对废旧产品进行回收和再制造就是一种重要的方式。霍夫雷（Jofre，2005）对美国、欧盟、日本、韩国等国家和地区的生产责任制延伸制度实施情况进行了研究，发现各国对生产者责任延伸制度的实施策略各不相同，并不存在制度实施的万能法则，需要国家和地区根据具体情况制定具体措施。

建议我国生产责任延伸制度应该走先试点再推广之路，选择生产者责任延伸制度基础较好的电器电子产品先行试点，总结经验教训，然后根据不同产业的具体情况制定该产业的生产者责任延伸制度。目前，我国电器电子领域已经颁布了《废弃电器电子产品回收处理管理条例》《废弃电器电子产品处理基金征收使用管理办法》《电器电子产品生产者责任延伸试点工作方案》，建立了由生产者缴纳的废弃电器电子产品处理基金，并在探索建立电器电子产品生产者责任延伸综合管理体系、技术支撑体系和服务评价体系，应该以此为契机，总结经验教训，将电器电子产品生产者责

任延伸制度的经验推广至整个再制造产业，建立和完善再制造产业生产者责任延伸制度。

4. 设立企业的知识产权部门，提高知识产权运用水平

国家知识产权法律法规制度，对企业是一种"他律式"制度，企业必须要有自身的"自律式"制度与之相适应，提高企业的知识产权管理和运用水平，这样知识产权战略管理才能真正起到推动企业发展的作用。

设立专职部门，提高企业知识产权经营管理水平。发达国家跨国公司之所以在全球范围内抢占市场，很大程度上得益于其先进的专利技术和较强的知识产权管理能力，例如，如西门子公司在本部设有专门的知识产权管理部门，拥有300多名员工（占公司本部职工总数的21.5%），全面负责企业的知识产权管理工作（周晓宁，2014）。建议我国企业应成立专门的知识产权管理部门，设专人负责企业知识产权管理工作，提高企业的知识产权管理效率和有效性，特别是制造业，涉及的专利、商标等工业产权多，更要加强知识产权管理工作。

同时，企业也要提高对知识产权服务业的认识，注重采购专业的知识产权服务。企业成立知识产权管理部门并不意味着要负责企业所有的知识产权管理工作，对于非保密性、非商业秘密的知识产权管理工作，可以委托专业的知识产权服务机构进行，不但可以获得专业的知识产权服务，还可以降低企业成本，比如，再制造商可以将与原制造商知识许可谈判等工作委托给专业的知识产权服务商，提高获得原制造商许可的效率和有效性。

5. 推动知识产权服务业发展，提高知识产权服务水平

本书所研究的再制造商会将与原制造商进行知识产权许可谈判的任务委托给专业的知识产权服务机构，其前提应该是服务业发展水平较高，能为再制造商提供专业的知识产权服务，因此，必须要尽快推进知识产权服务业发展，为再制造产业与知识产权服务业融合发展奠定基础。

完善知识产权服务业相关的法律法规政策体系。知识产权服务业的发展具有一定的特殊性，其不但受制于知识产权服务的产业化发展水平，还受制于知识产权相关法律法规政策的完善程度。因此，不但要完善知识产权服务业相关的法律法规政策，也要完善知识产权相关的法律法规制度建设，否则知识产权服务业就无从谈起。由于服务业的特殊性，也要注重知识产权服务业法律法规政策与产业、经济、科技等政策法规的衔接，根据经济社会需要发展知识产权服务业。

　　建议在再制造试点工作当中加入知识产权服务业试点。美国、欧洲等国家的发展经验也表明，知识产权服务业应该与细分产业紧密结合，把知识产权与特定行业和企业的发展战略、技术、市场等联系起来，从而不断提高知识产权服务业服务于特定行业的能力。因此，建议在国家发改委组织的汽车零部件再制造试点和工信部组织的机电产品再制造试点工作中，加入知识产权服务试点，选择具有一定发展基础的知识产权服务企业作为再制造知识产权服务试点单位，由专门的知识产权服务机构负责处理再制造中的知识产权问题，积累知识产权服务业与再制造产业融合发展的经验。比如，再制造商委托知识产权服务商和不同原制造商进行知识产权许可谈判的经验、原制造商向不同再制造商进行知识产权许可的管理经验等。

　　建立政府与社会协调发展的知识产权服务体系。美国、日本、欧洲等国家和地区的发展经验表明，知识产权服务业的发展模式应该向以市场机制为主、以营利性机构为主的多元化发展模式转变（杨武，2011）。应充分调动各主体积极性，逐步建立政府、国内企业、外资企业、高校等服务主体多元化的知识产权市场服务体系，各主体相互补充、相互配合、相互协调，共同提升知识产权服务水平。

7.3　再制造产业知识产权运用的规范体系

　　规范体系是为再制造产业知识产权运用的有序实现创造发展条件。再制造产业知识产权运用的实现必须是一种可持续的发展模式，而这种模式必须是规范有序的发展模式，在这种模式下，再制造商和原制造商等知识产权运用主体的法律关系必须确定，相互之间的权利和义务关系必须明确，并有规范的知识产权纠纷解决机制；再制造商生产的再制造产品必须满足质量要求，保证再制造产品的质量。因此，再制造产业知识产权运用的规范体系包括以下几方面内容，如图 7.3 所示。

1. 完善再制造产业知识产权运用的相关法律法规

　　知识产权运用是一种经济行为，需要有与之相配套的法律制度。虽然我国没有专门的知识产权法，但已经有了《中华人民共和国专利法》《中华人民共和国商标法》《中华人民共和国促进科技成果转化法》和各地的知识产权保护促进条例等。因而，针对知识产权运用专题不需要再单独立法，建议在现有法律文件中增设知识产权运用的相关条款，为再制造产业知识产权运用奠定法律基础。

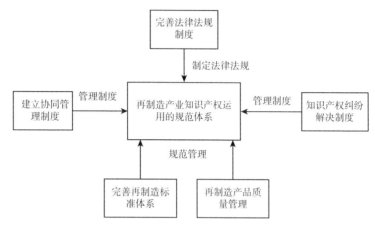

图 7.3   再制造产业知识产权运用的规范体系

在相关法律法规中明确再制造的法律属性。根据前文的研究结论，我国应在再制造产业或知识产权等相关的法律法规中明确规定废旧产品中含有的知识产权属于原制造商，再制造商在从事再制造前必须要获得原制造商的知识产权许可，理顺原制造商和再制造商之间的权利与义务关系，为再制造产业有序快速发展奠定法律基础。如 2008 年，发改委发布的《汽车零部件再制造试点管理办法》第七条规定："再制造非本企业生产的产品须取得原生产企业的授权"；第九条规定："零部件再制造试点企业通过其自身或授权企业原产品的销售或售后服务网络回收旧汽车零部件进行再制造"，同时规定："零部件再制造企业不得回收或再制造未获得授权的其他企业产品；再制造企业应获得可再制造旧件的原生产企业的商标使用权"。也就是说，汽车零部件再制造企业必须要获得原制造企业的专利许可和商标许可，明确了原制造商和再制造商的知识产权权利和义务关系，保障汽车再制造产业规范有序发展，需要将经验复制推广到整个再制造产业。同时，制定适用于我国对外的知识产权法律法规政策，因为美国的卡特彼勒、德国的大众等已经纷纷进入中国再制造市场，而美国除了对内有较为完善的知识产权法律法规，对外还制定和实施"特别 301 条款"和"337 条款"等，加强对国外对美国知识产权侵权行为的制裁。

总结国外再制造产业知识产权管理经验。针对再制造产业发展及知识产权法律法规制度的现状，建议国家知识产权局、发改委等相关部门应尽快成立工作组，研究再制造产业知识产权问题，包括可能会出现的知识产权问题、处理问题的基本原则、指导意见等，特别是要收集、分类、整理、研究国外经典的再制造知识产权侵权案例，对案情、判定结果、审判后影响等展开详细研究，总结其中的审判原则、审判技巧及其他经验教训，结合我国国情和产业发展需求，形成我国再制造知识产权侵权案例的判定原则、判定依据等，指导我国相关案件的审判和处理，比如美国根据以往的再制造知识产权侵权纠纷案例的审判，已经形成了比较成熟的审判经验，为再制造产业发展过程中的知识产权侵权纠纷案件的解决奠定了基础。

2. 明确政府部门管理职责，建立协同管理制度

我国再制造产业与知识产权存在多头管理、职责不明确、管理不到位等现象，因此，我国应尽快确定再制造产业知识产权的管理制度，提高政府管理效率。作者从近期和长期两个角度提出了对再制造产业知识产权管理的设想。

从近期来看，应该明确国家发改委、工信部等在再制造产业管理中的职责，确定再制造产业的主管部门，各部门按照既定的职责履行产业管理权力和义务，起草相关产业管理法律法规和规章制度，通过各部门联席会议制度等方式，加强沟通，达成共识、协同一致，共同制定再制造产业管理制度，指导产业规范有序化发展。比如，国家发改委会同有关部门成立试点工作领导小组，从 2008 年开始统一组织汽车零部件再制造试点工作，认定汽车零部件再制造试点单位，制定汽车零部件再制造试点工作的相关政策，并组织对汽车零部件再制造试点企业的验收工作，有利于总结汽车再制造的管理经验与教训，保障汽车零部件再制造试点工作的顺利推进。

从长期来看，我国应该将分散在多个部门的再制造产业管理职能集中起来，成立专门的再制造产业管理部门，负责全国的再制造产业管理，研究制定我国再制造产业战略规划、产业政策、技术标准、改革方案等，起草有关再制造产业法律法规草案和规章制度，统一审批再制造产业相关事项及再制造试点单位工作，推进再制造产业有序快速发展。其中，再制造产业知识产权管理和知识产权法律法规制度的起草等工作是再制造产业管理部门的重要职责。

3. 健全知识产权纠纷解决制度，规范处理知识产权纠纷

随着再制造产业的发展，再制造商和原制造商之间的知识产权问题会逐渐显现，而且由于知识产权纠纷的复杂性以及修理与再制造界限不清晰等，导致再制造产业知识产权纠纷更难解决。建议构建以司法诉讼、行政裁决为基础，综合运用协商、调节、仲裁的多层次知识产权纠纷解决机制，增加替代性纠纷解决方式的运用，提高知识产权纠纷的解决效率。

以我国成立知识产权法院为契机，探索完善再制造产业知识产权纠纷解决的法律法规制度。2014 年，我国决定成立知识产权法院，以期进一步提升知识产权案件审判质效，完善我国的知识产权司法保护体系，随着我国再制造产业的发展，再制造产业知识产权纠纷会越来越多，但我国关于再制造产业知识产权工作的法律法规制度尚不完善。因此，可以在知识产权法院探索制定知识产权纠纷案件的审判原则、审判技巧等，逐步形成相关的审判准则和规章制度。同时，深入分析再制造产业的特性，结合再制造产业的特点，形成再制造产业知识产权相关的相关审判准则和规章制度等。

完善替代性纠纷解决方式的实施机制。建议我国成立专业的知识产权纠纷调解组织，调解组织可以由企业、法院、行政机构等组建；完善替代性纠纷解决方式与司法保护的衔接机制，提高调解协议的效力，例如，可以通过调解结果与法院同步或引导当事人对调解的协议结果进行公证。同时，通过法院审判前的引导、社会宣传等方式引导矛盾冲突双方自愿选择替代性纠纷解决方式，如果调解不成功再进入司法程序。

4. 完善市场准入制度和再制造标准体系

建立健全再制造标准体系，包括市场准入制度和再制造技术标准，加强对再制造企业的管理，规范再制造产品生产，降低消费者的感知风险，推动再制造产业知识产权运用的规范有序进行。

（1）完善再制造市场准入制度。我国应尽快完善再制造产业市场准入制度，即政府相关部门对再制造产业市场主体资格的确立、审核和确认的法律制度，包括市场主体资格的条件和取得主体资格的程序、条件。同时，对于制定的再制造市场准入制度，应通过法律法规明确，提高规章制度的法律效力等级。可以以国家发改委和工信部对组织的再制造试点工作为契机，总结试点单位评选的条件、资格等经验，逐步完善再制造市场准入制度。

（2）完善再制造技术标准。重点研究制定废旧产品的回收、清洗、拆解、检测标准及再制造产品的生产工艺、产品质量、检验、生产管理标准，规范再制造产品生产，确保再制造产品质量，提高再制造效率，并积极开展再制造标准的制定与应用推广。同时，积极推进再制造产品认定工作，制定再制造产品目录，完善再制造产品认证的流程、标准及宣传策略，严格区分翻新品与再制造产品，转变消费者对再制造产品的认识，增加消费者对再制造产品的购买。比如，汽车再制造产业除了遵守再制造的通用标准之外，我国已经颁布实施了《汽车零部件再制造产品技术规范 交流发电机》（GB/T 28672—2012）、《汽车零部件再制造 拆解》（GB/T 28675—2012）等 9 项汽车零部件再制造领域的标准，《再制造内燃机 通用技术条件》（GB/T 32222—2015）等 14 项内燃机再制造工艺标准，具体详见附录 C 所示，对于规范汽车再制造产品生产，保障产品质量具有重要的作用，其经验可以供其他再制造产业所借鉴。

5. 加强再制造产品质量管理

现阶段，消费者对再制造产品的疑虑很大程度上是来自对产品质量的担忧，因此，政府和企业都应该采取措施保障再制造产品质量，解决消费者购买和使用再制造产品时的后顾之忧。

（1）政府层面。

完善再制造产品质量的法律法规，实行再制造产品质量认证制度，杜绝不合格的再制造产品流向市场。比如，汽车再制造产业除了遵守再制造的一般性规定之外，还专门制定了汽车再制造产品质量管理制度。2008年，国家发改委颁布的《汽车零部件再制造试点管理办法》第十四条规定，"再制造产品的技术性能和安全质量应当符合原产品相关标准的要求。再制造产品的保修标准和责任应当达到原产品同样的要求"；同时，再制造企业和授权企业对再制造产品的质量共同负责，承担相应保修责任和售后服务。再制造企业在再制造产品生产管理和售后服务管理方面也有比较严格的产品质量保证措施，包括生产管理保证措施和售后服务保证措施，确保再制造产品质量。

（2）企业层面。

严格遵守国家产品质量法律法规的要求，制定严格的产品生产管理措施，加强对从业人员的技能培训，切实保障和不断提高再制造产品质量；同时，完善再制造产品的售后服务体系，解决消费者使用再制造产品时的后顾之忧。以中国汽车再制造产业为例分析企业的生产管理保证措施和售后服务保证措施。

①生产管理保证措施。为了深入了解再制造企业在生产过程中对再制造产品的质量保证措施，作者对玉柴再制造工业（苏州）有限公司（以

下简称"公司")进行了实地调研,在调研过程中了解到,公司已经制定
了严格的再制造产品生产流程,如图 7.4 所示,包括拆解、探伤检测、初
步清洗、再次检测、再次清洗、分类修复、检验等环节,每个环节都有严
格的操作流程标准要求,而且要经过两次清洗、两次检测,以确保再制造
产品的质量。同时,每一个零部件从拆解结束后就拥有一个自己的终身标
签,在产品销售后再制造企业要进行存档,如图 7.5 所示,在该标签上详
细记录了该零部件损坏的地方、如何进行修复及修复负责人等信息,不但
能够保证该零部件再制造过程中的质量,即使产品在使用过程中出现问
题,也可以随时通过再制造企业查阅该零部件的再制造信息,为消费者的
使用提供便利。

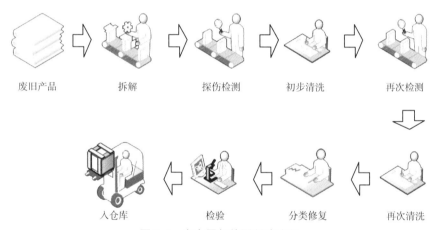

废旧产品　　　拆解　　　探伤检测　　　初步清洗　　　再次检测

入仓库　　　检验　　　分类修复　　　再次清洗

图 7.4　汽车零部件再制造流程

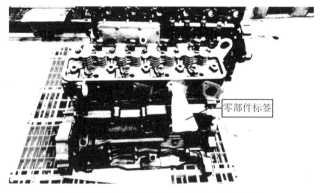

零部件标签

图 7.5　再制造零部件产品生产标签示意

②售后服务保证措施。很多消费者对再制造产品的担心来自对售后服务的担心（Zhu，2014），因而，对再制造产品要制定同新产品同样的售后服务保证措施，解除消费者使用再制造产品的后顾之忧，如中国重汽集团济南复强动力有限公司成立之初就具备国际同期技术水平，严格执行ISO9000 质量标准体系，通过了 TS16949 质量体系认证，逐步推行六西格玛质量管理，使再制造后的发动机质量性能不低于新产品，并提供和同型号新品相同的保质期；上海孚美汽车自动变速箱技术服务有限公司对再制造的变速箱的质量三包承诺是两年不计公里数的质量担保，即再制造产品已经超过了主机厂新品的质量标准（白雪，2015）。

7.4 再制造产业知识产权运用的促进体系

促进体系是为再制造产业知识产权运用的快速实现创造发展条件。结合本书研究内容，要想促进再制造产业知识产权运用的快速实现，首先，要转变消费者对再制造产品的认识误区，提高消费者对再制造产品的购买意愿；其次，营造良好的市场经济秩序，再制造产业知识产权运用的各主体相互信任并积极履行自己的权利和义务，促进再制造产业知识产权运用的快速实现。因此，再制造产业知识产权运用的促进体系包括以下几方面内容，如图 7.6 所示。

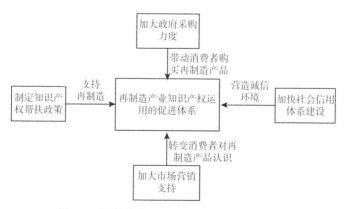

图 7.6 再制造产业知识产权运用的促进体系

1. 建立健全知识产权帮扶政策体系

广义上的知识产权帮扶政策既包括政府知识产权管理部门的帮扶政策，也包括优势市场主体对劣势市场主体的帮扶行为。对于再制造产业而言，知识产权帮扶政策主要包括政府帮扶政策和原制造商对再制造商的帮扶行为。

（1）政府制定知识产权帮扶政策。

对原制造商的帮扶政策。4.3 节研究表明，原制造商同意对再制造商进行知识产权许可的可能性，与原制造商转让知识产权获得的使用费和原制造商在面对侵权再制造时所付出的维权成本成正比，与原制造商为转让知识产权所做工作的投入成反比。因而，政府制定以下两方面的帮扶政策：一方面，要对原制造进行资金帮扶，对原制造商进行补贴，降低知识产权使用费，吸引更多的有实力的再制造商从事再制造；另一方面，进行政策帮扶，简化原制造商向再制造商的知识产权许可流程，降低原制造商为进行知识产权许可所做工作的投入。

对再制造商的帮扶政策。一方面，政府部门可以对政府优先支持发展的再制造产业进行财政补贴或税收优惠，提高再制造商的经济效益，提高其从事再制造的可能性；另一方面，制定再制造产业知识产权强制许可制度实施细则，在一定条件和背景下，如果原制造商不同意对再制造商进行知识产权许可，政府相关部门可以对知识产权进行强制许可（刘鹏飞，2014），但仍要交纳知识产权使用费。

（2）原制造商对再制造商的知识产权帮扶行为。

4.3 研究结果表明，原制造商同意对再制造商进行知识产权许可的可能性与其转让知识产权获得的使用费成正比，而再制造商从事再制造的可能性与原制造商转让知识产权获得使用费成反比。因此，原制造应该采取降低知识产权使用费、推行再制造设计等帮扶行为，促进再制造商再制造水平的提高。

降低知识产权使用费。一般意义上，在原制造商与再制造商的博弈中，原制造商处于主导地位，具有一定的优势，原制造商应该积极支持再制造产业的发展，突出表现在降低再制造商的知识产权使用费上，或者原制造商以知识产权作为技术股份入股再制造商，使再制造商能够有更充足的时间和精力投入到再制造技术研发、成本降低等工作上。

推行再制造设计。再制造设计是原制造商在新产品设计阶段就考虑废旧产品的回收和再利用问题，提出再制造性的具体指标和要求，使废旧产品具有很好的再制造性，最大限度地提高整个产品生命周期的利润总额（Kwak，2015）。在对玉柴再制造工业（苏州）有限公司调研时，公司负责人指出，再制造设计的概念早已经被提出，但在企业实际中的应用不够。因此，推行再制造设计的重点在于政策的落地实施，制定明确的实施策略，对产品的再制造设计制定明确的指标，比如，产品整体要有利于核心零部件的回收设计、易于拆解清洗设计、易于修复升级设计、易于组装设计等，对每项指标制定详细的再制造设计说明。

2. 加大对再制造产品的政府采购力度

政府采购是市场需求的重要组成部分，由于其采购的特殊性，对消费者具有很强的示范带动作用。因此，要加大对再制造产品的政府采购力度，一方面，增加对再制造产品的销售量；另一方面，利用政府采购的影响力，带动消费者购买再制造产品。建议从以下几方面加大对再制造产品的政府采购力度。

明确规定政府优先采购再制造产品并制定实施细则。我国部分关于政府采购的规章制度中提出了要优先采购节能产品、环保产品等，但未明确规定优先购买再制造产品，可操作性大大降低，如福建省《福建省省级政府采购货物和服务项目招标文件编制指引》的补充通知等。因此，在政府采购制度的相关文件中，既要明确要求优先采购再制造产品，又要制定具体的目标或实施细则。可以参考 2016 年国家发改委等颁布的《关于促进绿色消费的指导意见》对新能源汽车政府采购的规定，文件中规定"公共机构配备更新公务用车总量中新能源汽车的比例达到 30% 以上"，把政府采购对汽车零部件再制造产业的支持力度指标化，切实增加再制造产品的市场销量。

对再制造项目或再制造产品进行示范推广。再制造产品作为一种新兴产品，在大多数行业的市场份额都较低（Widera，2015），也由于政策规定等方面的限制，能够接触到再制造产品的消费者也为数不多。因此，政府应该对一些较为成熟的再制造项目或再制造产品通过政府采购的形式进行示范推广，增加社会公众对再制造产品的认识和体验，例如，政府在公共设施、公共服务等项目建设时可以采购再制造产品，建设再制造产品示范性工程，让消费者在体验中认识、了解再制造产品，起到很好的宣传效应。

3. 加强对再制造产品的市场营销支持

再制造产品具有节能环保特性，是资源循环利用的重要实践方式，而且，价格低、质量有保障。应加大对再制造产品市场营销工作的支持，转变消费者认识误区，提高再制造产品市场占有率。

加强对再制造产品的市场宣传力度，包括公益宣传和企业宣传，推陈出新，提高再制造产品市场宣传效果，提高消费者的绿色环保观念，增加消费者对再制造产品的认识，提高对再制造产品的购买。例如，政府及再制造企业都在积极加大对汽车零部件再制造产品的宣传，积极提高消费者对再制造产品的认识和购买积极性，例如，2013 年 9 月 16～28 日，中国国际贸易促进委员会汽车行业分会、中国汽车工业协会汽车零部件再制造分会等共同举办再制造"北京—西藏行"活动，通过实地测试，检验再制造汽车零部件的可靠性和质量性能（中华人民共和国国家发展和改革委员会，2015）；2014 年 11 月 17～28 日，国家发改委批准举办"再制造产品（汽车零部件）走进汽配城"主题宣传活动，通过进行再制造产品展示、主题图片展、再制造产品推介及专题技术讲座、现场咨询、车友体验等丰富多彩的落地活动，向消费者普及再制造产品知识，为推动再制造产业发展作出积极贡献（表面工程与再制造，2015），都取得了很好的宣传效果。

同时，政府也要加大对再制造市场推广的支持，通过补贴等形式吸引消费者购买再制造产品。比如，国家发改委等出台《关于印发再制造产品"以旧换再"试点实施方案的通知》，对再制造汽车发动机、变速箱进行"以旧换再"补贴，再制造发动机最高补贴 2000 元，再制造变速箱最高补贴 1000 元，刺激消费者对再制造产品的需求。

4. 加快社会信用体系建设，营造良好的市场经济秩序

按照国家相关要求，再制造产品的质量和性能要达到或超过新产品，但现阶段，很多消费者依然认为再制造产品质量不如新产品，这主要来自消费者对生产商的不信任，对企业产品的质量承诺不信任，这种不信任主要源于社会信用缺失。因此，必须加快建设和完善我国社会信用体系，营造良好的信誉氛围。

建立健全社会信用法律法规体系。学习总结国外经验与教训，继续完善我国的社会信用法律法规制度，例如，美国社会信用体系的法律基本形成以《公平信用报告法》《金融服务现代化法》为核心，以《平等信用机会法》《公平债务催收作业法》《诚实租借法》《信用卡发行法》《公平信用和贷记卡公开法》《电子资金转账法》等辅助的法律体系，我国应完善信用立法，应强化失信者的法律责任。同时，加大执法监管力度，完善失信惩罚机制，为失信行为的惩罚奠定法律基础。

　　建立和完善社会征信体系。征信是社会信用管理的前提和基础，完善社会征信体系是构建和完善社会诚信体系的前提和基础。因此，必须加快建设全国统一的社会征信系统，加快建立企业和个人的信用信息数据库，如对企业可以建立以组织机构代码证为基础的组织社会信用代码制度、个人可以建立以身份证号码为基础的个人信用代码制度，完善并定期采集企业和个人信用信息，并将信息系统对外开放，实现信息共享。

7.5　本章小结

　　本章基于前几章的研究结论，结合再制造产业的发展阶段及再制造产业有序快速发展所需要的条件，并借鉴美国再制造产业和中国发展较为成熟的汽车再制造产业知识产权运用的发展经验，探讨构建了再制造产业知识产权运用的保障体系，包括支持体系、规范体系和促进体系。支持体系是为再制造产业知识产权运用的实现创造基础性条件，规范体系是为再制造产业知识产权运用的有序实现创造发展条件，促进体系是为再制造产业知识产权运用的快速实现创造发展条件，各体系相互配合，共同促进再制造产业有序快速发展。

第 8 章

结论与展望

8.1 主要结论

本书站在产业层面，介绍了再制造产业知识产权运用机制，包括再制造产业知识产权运用机理、知识产权运用体系和知识产权运用的保障体系，以期实现推动再制造产业有序快速发展的目标。通过研究主要得出以下几点结论。

（1）本书构建的知识产权运用机制能够推动再制造产业有序快速发展。在再制造产业知识产权运用机制的协调下，原制造商同意向再制造商进行知识产权许可，再制造商愿意从事再制造行为并愿意缴纳知识产权使用费，保障再制造产业规范有序发展；知识产权服务商能够显著提高再制造商获得原制造商知识产权许可的效率，消费者认可并愿意购买再制造产品，推动再制造产业快速发展。同时，在规范有序的市场条件下，原制造商通过收取知识产权使用费、知识产权服务商通过收取知识产权服务费来分享再制造收益，再制造商可以集中企业资源提高再制造水平，消费者可以以较低的价格买到和新产品同等质量的再制造产品，实现多方共赢，经济活动参与者的个人利益与合意的社会既定目标相一致。而且，通过对中国汽车再制造产业知识产权运用现状的研究，论证了作者构建的再制造产业知识产权运用机制的科学合理性和可行性。

（2）知识产权保护力度应随着再制造产业的发展而不断加强。从经济和法律两个视角分析得出，废旧产品中含有的知识产权应该属于原制造商，再制造必须要得到原制造商的知识产权许可，否则被视为侵权行为。

关于再制造商和原制造商的博弈研究结果表明：原制造商同意对再制造商进行知识产权许可的可能性和再制造商愿意从事再制造的可能性，与再制造商侵权被发现后的侵权惩罚负相关，而再制造商缴纳知识产权使用费的意愿与再制造商侵权被发现后的侵权惩罚正相关。再制造商侵权被发现后的侵权惩罚代表了知识产权保护的力度，侵权惩罚越高，则知识产权保护力度越强。启示我们：在再制造产业发展的初级阶段，应该实行较为宽松的知识产权保护制度，为再制造商产业营造较为宽松的发展环境，促进再制造产业快速发展；随着再制造产业的进一步发展，应逐渐加强对知识产权的保护力度，推动再制造产业规范有序发展。

（3）再制造产品预期市场收益会影响再制造商与知识产权服务商的合作模式与均衡策略。研究结果表明：当 $m < \min\{M_1, M_2, M_3, M_4, M_9, M_{10}\}$ 时，再制造商和知识产权服务商的均衡策略应该为（不合作，0）；当 $\max\{M_2, M_4, M_9\} \leqslant m < \min\{M_1, M_5, M_7, M_{11}\}$ 时，再制造商应采取非现金混合制模式，再制造商和知识产权服务商的均衡策略为（合作，D）；当 $\max\{M_2, M_4, M_9, M_{11}\} \leqslant m$ 时，再制造商应采取雇佣制模式，再制造商和知识产权服务商的均衡策略为（合作，D）；当 $\max\{M_1, M_3\} \leqslant m < M_{12}$ 时，再制造商应采取合伙制模式，再制造商和知识产权服务商的均衡策略为（合作，$2D$）；当 $m \geqslant M_{12}$ 时，再制造商应采取雇佣制模式，再制造商和知识产权服务商的均衡策略为（合作，$2D$）。总体来看，当再制造产品预期市场收益较小的时候，再制造商应优先考虑非现金混合制模式；当再制造产品预期市场收益较大时，再制造商应优先考虑雇佣制模式，并将支付费用 B 维持在刚好使知识产权服务商投入 $2D$ 的收益最大，以提高自身收益。同时，本书还研究了再制造商和知识产权服务商在各种合作模式下的不同均衡策略及其条件。

（4）制定了再制造产业知识产权运用的市场推广策略。运用合理行为模型的修正模型调查了消费者购买意向的影响因素；运用 STP 战略制定了再制造产业知识产权运用的市场推广规划，明确绿色消费型消费者是再制造产业知识产权运用的主要消费群体、质量驱动型消费者是次要消费群体，被动接受型消费者是潜在消费群体；运用 4P 策略制定了不同细分市场的市场推广策略，包括产品策略、渠道策略、促销策略和价格策略。

8.2　研究展望

本书构建了再制造产业知识产权运用机制，推动再制造产业有序快速发展，然而关于再制造产业知识产权运用机制问题，尚有很多问题有待进一步研究，这里择其要者进行简要介绍。

（1）再制造产业知识产权运用机制构建的影响因素问题。关于原制造商和再制造商之间的博弈，仅考虑了一家原制造商和一家再制造商的情形，而尚未考虑多家原制造商和多家再制造商的情形；同样，对于再制造商和知识产权服务商之间的博弈，也没有考虑多家再制造商和多家知识产权服务商的情形，有待于进一步研究。在对再制造产品消费现状调查中，对于对再制造产品的界定比较宽泛，比如，消费者在购买再制造发动机和再制造打印机时考虑的影响因素是不尽相同的，后续研究应进一步明确。

（2）再制造产业知识产权运用机制的运行问题。再制造产业是一个强关联性产业，受到各种不确定的内外部因素的干扰或攻击，这种干扰或攻击影响知识产权运用机制的运行效果，因此，需要进一步研究明确再制造产业知识产权运用机制实施的影响因素并制订实施方案，这是进行后续研究的重要内容。

（3）再制造产业知识产权运用机制的定量评价与仿真问题。采用量化指标对再制造产业知识产权运用机制进行评价、仿真等研究则更具有实践意义，更能深入了解知识产权运用机制实施的效果及关键性因素等。但受相关统计数据不完善等方面的限制，本书仅采用中国汽车再制造产业的案例进行了定性分析与评价。随着再制造产业、知识产权服务业等统计数据的完善，作者将对再制造产业知识产权运用机制的定量评价与仿真问题进行后续研究。

由于再制造产业知识产权运用机制是一个理论与实践性较强的交叉性研究领域，受作者精力和学识所限，本书中难免有不妥甚至疏忽之处，敬请各位专家批评指正。

参 考 文 献

[1] 爱卡汽车. 新概念 参观大众发动机"再制造"工厂 [EB/OL]. http：//info. xcar. com. cn/201108/news_289208_1. html. 2016 – 09 – 29.

[2] 白列湖. 管理协同机制研究 [D]. 武汉：武汉科技大学，2005.

[3] 白列湖. 协同论与管理协同理论 [J]. 甘肃社会科学，2007 (5)：228 – 230.

[4] 白雪. 消费者的认可是再制造产品的基础 [EB/OL]. http：//www. ceh. com. cn/ztbd/jnjpzk/243149. shtml. 2015 – 12 – 12.

[5] 包海波. 专利许可交易的微观机制分析 [J]. 科学学与科学技术管理，2004 (10)：76 – 80.

[6] 本刊综合报道. "再制造产品（汽车零部件）走进汽配城"主题宣传活动侧记 [J]. 表面工程与再制造，2015 (2)：22 – 23.

[7] 常利民. 促进企业知识产权管理 提升知识产权运用能力 [N]. 中国电子报，2013 – 07 – 26 (011).

[8] 超青. 再生墨盒是否构成专利侵权？ [N]. 中国知识产权报，2006 – 06 – 21007.

[9] 陈朝晖，谢薇. 专利商业化激励：理论、模式与政策分析 [J]. 科研管理，2012，33 (12)：110 – 116.

[10] 陈菲. 服务外包动因机制分析及发展趋势预测 [J]. 中国工业经济，2005 (6)：67 – 73.

[11] 陈劲，阳银娟. 协同创新的理论基础与内涵 [J]. 科学学研究，2012 (2)：161 – 164.

[12] 陈转青，高维和，谢佩洪. 绿色生活方式、绿色产品态度和购买意向关系——基于两类绿色产品市场细分实证研究 [J]. 经济管理，2014 (11)：166 – 177.

[13] 成梅. 企业专利产业化的知识产权法律问题研究 [D]. 上海：上海大学，2015.

［14］邓新明. 中国情景下消费者的伦理购买意向研究［J］. 南开管理评论，2012，15（3）：22－32.

［15］丁吉林. 再制造发展空间巨大——访再制造国家工程研究中心主任梁秀兵［J］. 财经界，2014（6）：19－22.

［16］冯之浚. 循环经济导论［M］. 北京：人民出版社，2004.

［17］付明星. 韩国知识产权政策及管理新动向研究［J］. 知识产权，2010，20（116）：92－96.

［18］高鸿业. 西方经济学（微观部分　第五版）［M］. 北京：中国人民大学出版社，2011.

［19］郭锴. 再制造逆向物流产业迎来新的发展机遇［N］. 现代物流报，2015－05－12（A4）.

［20］郭强. 强化我国知识产权导向政策问题研究［J］. 知识产权，2012（4）：76－80.

［21］国内外再制造的新发展及未来趋势［A］//中国科学技术协会、中国工程院、湖北省政府. 2009 年促进中部崛起专家论坛暨第五届湖北科技论坛——装备制造产业发展论坛论文集（上）［C］. 中国科学技术协会、中国工程院、湖北省政府：2009：7.

［22］贺文. 产品知识的交互作用对中国再制造品购买意向的影响研究［D］. 北京：北京交通大学，2013.

［23］黑龙江省高级人民法院（2007）黑知终字第 3 号.

［24］洪莉莉. 专利产品修理与再造法律问题研究［D］. 上海：华东政法大学，2011.

［25］洪云. 我国汽车零部件再制造产业发展现状分析及政策建议［A］. 广东省汽车行业协会. "广汽丰田杯"广东省汽车行业第七期学术会议论文集［C］. 广东省汽车行业协会：2013：6－11.

［26］黄波，孟卫东，李宇雨. 基于机制设计的研发外包最优利益分配方式选择［J］. 科技管理研究，2009（11）：5－7，10.

［27］黄宗盛，聂佳佳，胡培. 专利保护下的闭环供应链再制造模式选择策略［J］. 工业工程与管理，2012（6）：15－21.

［28］季明. 专利产品修理与再造法律问题研究［D］. 重庆：西南政法大学，2011.

［29］［日］吉藤幸朔. 专利法概论［M］. 宋永林，魏启学，译. 北京：专利文献出版社，1990：411.

［30］江尚，颜慧超，林洪．美日韩自主知识产权成果产业化政策体系研究及其启示［J］．中国科技论坛，2011（8）：155 – 160.

［31］莱切尔·卡逊．寂静的春天［M］．北京：商务印书馆，1998.

［32］李春艳．全球汽车再制造产业发展现状360°解读［EB/OL］．ht-tp：//auto. sohu. com/20160312/n440196391. shtml. 2016 – 3 – 13.

［33］李东进，吴波，武瑞娟．中国消费者购买意向模型［J］．管理世界，2009（1）：121 – 129，161.

［34］李冬换．专利保护下再制造闭环供应链网络均衡研究［D］．成都：西南财经大学，2013.

［35］李升．新型农村社会养老保险基金运作机制研究［D］．泰安：山东农业大学，2011.

［36］李育贤．中外汽车零部件再制造产业发展现状分析［J］．汽车工业研究，2012（3）：35 – 38.

［37］刘东霞．基于消费者效用的耐用品企业再制造策略研究［D］．成都：西南交通大学，2014.

［38］刘光富，张士彬，鲁圣鹏．中国再生资源产业知识产权运用机制顶层设计［J］．科学学与科学技术管理，2014，35（10）：3 – 12.

［39］刘华，周莹．我国技术转移政策体系及其协同运行机制研究［J］．科研管理，2012，33（3）：105 – 112.

［40］刘菊芳．发展知识产权服务业的关键问题与政策研究［J］．知识产权，2012（5）：67 – 73.

［41］刘鹏飞．我国报废汽车回收利用法律制度研究［D］．重庆：西南政法大学，2014.

［42］刘志强，张黎．创新激励的知识产权制度和政府资助制度比较研究［J］．管理科学，2006，19（2）：62 – 66.

［43］毛荐其，杨海山．技术创新进化过程与市场选择机制［J］．科研管理，2006（3）：16 – 22.

［44］美国重视再制造［J］．领导决策信息，1999（31）：13.

［45］［美］麦克丹尼尔，等．市场营销学［M］．时启亮，等译．上海：格致出版社，2009.

［46］牛巍．网络环境下信息共享与著作权保护的利益平衡机制研究［D］．合肥：中国科学技术大学，2013.

［47］彭志强，厉华杰，申成然．专利产品再制造下闭环供应链的决

策优化与授权许可策略 ［J］. 重庆理工大学学报（社会科学版），2010，24（10）：88 - 91，105.

［48］彭志强，夏思思，崔涛. 专利产品再制造的侵权辨析及授权许可策略 ［J］. 科技管理研究，2014（20）：137 - 141 + 147.

［49］曲英，刘雅坤. 重型卡车再制造发动机购买行为的情境影响研究 ［J］. 科技与管理，2015（3）：76 - 81.

［50］屈继伟. 专利产品的修理、再造与专利侵权法律问题研究［D］. 武汉：华中科技大学，2009.

［51］任勇，吴玉萍. 中国循环经济内涵及有关理论问题探讨 ［J］. 中国人口·资源与环境，2005（4）：131 - 136.

［52］山东省高级人民法院（2000）鲁民终字第 339 号.

［53］申成然，熊中楷，孟卫军. 考虑专利保护的闭环供应链再制造模式 ［J］. 系统管理学报，2015（1）：123 - 129.

［54］申成然，熊中楷，彭志强. 专利保护与政府补贴下再制造闭环供应链的决策和协调 ［J］. 管理工程学报，2013（3）：132 - 138.

［55］申成然，熊中楷，彭志强. 专利许可经销商再制造的供应链决策及协调 ［J］. 工业工程与管理，2011（6）：10 - 15.

［56］申成然. 考虑专利保护的再制造及闭环供应链研究 ［D］. 重庆：重庆大学，2012.

［57］石光雨. 专利产品的修理和再造问题研究 ［D］. 重庆：西南政法大学，2007.

［58］宋晓华. 家电回收　期待大资本介入 ［N］. 新华日报，2016 - 01 - 18（5）.

［59］宋扬. 基于 CAS 理论的第四方物流系统关键运作机制研究［D］. 哈尔滨：东北林业大学，2010.

［60］隋文香，张子睿. 促进高新技术产品创新的知识产权政策研究 ［J］. 科技与法律，2008（4）：15 - 19.

［61］孙晓莹. 产品知识对中国再制造品购买意向的影响研究 ［D］. 北京：北京交通大学，2012.

［62］汤宗舜. 专利法教程 ［M］. 北京：法律出版社，2003.

［63］［日］田村善之. 修理、零部件的更换与专利侵权的判断 ［J］. 李扬，译. 知识产权年刊（2），2006（6）.

［64］田力普. 国内外知识产权最新形势分析 ［J］. 知识产权，2014

（1）：3 - 7，2.

［65］田真平，高鹏. 差别定价下考虑专利保护的闭环供应链协作机制［J］. 数学的实践与认识，2016（3）：59 - 68.

［66］汪玉璇. 产品再制造中的知识产权法律问题研究［D］. 北京：首都经济贸易大学，2005.

［67］王斌，谭清美. 专利成果产业化效率及其影响因素分析［J］. 系统工程，2014，32（3）：8 - 17.

［68］王景川. 发展知识产权服务业亟待政府更有作为［N］. 中国经济导报，2011 - 10 - 15B（1）.

［69］王雎. 开放式创新下的占有制度：基于知识产权的探讨［J］. 科研管理，2010，31（1）：153 - 159.

［70］王咏倩. 前景可期的"再制造"［N］. 中国县域经济报，2014 - 01 - 27004.

［71］魏芳. 高技术产业系统的自组织演化机制研究［D］. 武汉：武汉理工大学，2006.

［72］魏国平，黄亦鹏，李华军. 战略性新兴产业发展中的知识产权战略研究［J］. 科技管理研究，2013（12）：164 - 166 + 181.

［73］无锡市发展和改革委员会. 美国通过再制造法案［EB/OL］. ht-tp：//dpc. wuxi. gov. cn/doc/2015/10/23/594713. shtml. 2016 - 09 - 15

［74］吴汉东. 知识产权法［M］. 北京：法律出版社，2011.

［75］吴继英. 我国专利产业化机制有效性评价研究［D］. 镇江：江苏大学，2013.

［76］吴彤. 自组织方法论研究［M］. 北京：清华大学出版社，2001.

［77］吴桐，刘菊芳，马斌，等. 我国知识产权服务业发展现状与对策研究［J］. 中国发明与专利，2012（6）：63 - 67.

［78］吴杨，苏竣. 科研团队知识创新系统的复杂特性及其协同机制作用机理研究［J］. 科学学与科学技术管理，2012（1）：156 - 165.

［79］谢小添. 绿色专利制度下的汽车零部件再造问题研究［D］. 武汉：华中科技大学，2013.

［80］熊中楷，申成然，彭志强. 专利保护下闭环供应链的再制造策略研究［J］. 管理工程学报，2012（3）：159 - 165.

［81］熊中楷，申成然，彭志强. 专利保护下再制造闭环供应链协调

机制研究 [J]. 管理科学学报, 2011, 14 (6): 76 - 85.

[82] 徐滨士, 李恩重, 史佩京, 郑汉东, 张魏. 我国再制造产业现状及发展对策 [J]. 中国经贸导刊, 2015 (15): 77 - 79.

[83] 徐滨士. 再制造工程与自动化表面工程技术 [J]. 金属热处理, 2008, 33 (1): 9 - 14.

[84] 徐滨士. 中国特色的再制造工程及其发展 [A]. 中国科学技术协会、重庆市人民政府. 自主创新与持续增长第十一届中国科协年会论文集 (2) [C]. 中国科学技术协会、重庆市人民政府: 2009: 9.

[85] 徐棣枫. 专业化与体系化结合的美国知识产权服务业 [J]. 求索, 2013 (11): 193 - 195.

[86] 徐家良, 赵挺. 政府购买公共服务的现实困境与路径创新: 上海的实践 [J]. 中国行政管理, 2013 (8): 26 - 30 + 98.

[87] 徐建中, 张金萍, 那保国. 循环经济视角下我国再制造产业发展现状及模式研究 [J]. 科技进步与对策, 2009 (24): 64 - 66.

[88] 许国志, 等. 系统科学 [M]. 上海: 上海科技教育出版社, 2000.

[89] 许阳. 标准缺失下的 "小众" 尴尬 [N]. 21 世纪经济报道, 2015 - 11 - 25 (5).

[90] 闫文军. 从有关美国判例看专利产品 "修理" 与 "再造" 的区分 [A]//专利法研究 (2004) [C]. 2005 (18): 385 - 402.

[91] 杨红朝. 知识产权服务业培育视角下的知识产权服务体系发展研究 [J]. 科技管理研究, 2014 (8): 176 - 180.

[92] 杨健. 知识产权国际法治探究 [D]. 长春: 吉林大学, 2013.

[93] 杨伟, 方刚, 郑刚. 产业联盟中关系性知识产权的适用条件分析 [J]. 科学学研究, 2013, 31 (12): 1841 - 1847.

[94] 杨伟民, 巴特. 基于交易成本理论的专利产业化创新路径研究 [J]. 科学管理研究, 2014 (3): 33 - 36.

[95] 杨武, 付婧, 郑红. 知识产权服务业体系研究 [J]. 中国发明与专利, 2011 (12): 78 - 80.

[96] 叶树昱, 陈华平, 沈祥, 李燕. 影响顾客网上购物因素的实证研究 [J]. 预测, 2008, 27 (4): 53 - 58.

[97] 易余胤, 阳小栋. 不同专利许可模式下的再制造闭环供应链模型 [J]. 计算机集成制造系统, 2014 (9): 2305 - 2312.

[98] 于俭, 张晓珂. 基于产品保证的再制造产品销售策略研究 [J].

杭州电子科技大学学报（社科版），2013，9（3）：32，33 - 36.

[99] 于晓宇，蔡莉，谢富纪. 专利技术产业化机理、关键问题与驱动策略 [J]. 科学学研究，2010（5）：681 - 689，667.

[100] 于政. 高科技工业品市场推广策略研究 [D]. 武汉：华中师范大学，2012.

[101] 余翔，武兰芬，姜军. 矛盾的选择——日本专利权耗尽与产品平行进口立法及判例解析 [J]. 电子知识产权，2004（10）：47 - 50，57.

[102] 原永丹，董大海，刘瑞明，于丹. 消费者品牌延伸评价的机理研究：回顾与展望 [J]. 预测，2009，28（4）：1 - 7.

[103] 袁晓东. 专利信托管理模式探析 [J]. 管理评论，2004，16（8）：18 - 23.

[104] 袁真富. 专利默示许可制度研究 [M]. 北京：知识产权出版社，2011.

[105] 岳贤平，顾海英. 国外企业专利许可行为及其机理研究 [J]. 中国软科学，2005（5）：89 - 94.

[106] 张古鹏，陈向东. 基于发明专利的专利制度变动效应研究 [J]. 科研管理，2012，33（6）：110 - 119.

[107] 张国兴，郭菊娥，席酉民，薛冬. 政府对秸秆替代煤发电的补贴策略研究 [J]. 2008，20（5）：33 - 36，57.

[108] 张红丹. 中国消费者再制造产品购买意向研究 [D]. 北京：北京交通大学，2011.

[109] 张剑，陆余楚. 银行保险中的委托—代理人激励模型 [J]. 应用数学与计算数学学报，2002（2）：37 - 44.

[110] 张津铭. 基于产业细分的专利服务创新模式将大有可为 [A] // 中华全国专利代理人协会. 全面实施国家知识产权战略，加快提升专利代理服务能力——2011 年中华全国专利代理人协会年会暨第二届知识产权论坛论文集 [C]. 中华全国专利代理人协会：2011（4）：79 - 82.

[111] 张克英，李仰东，郭伟. 合作研发中知识产权风险对合作行为影响的研究 [J]. 管理评论，2011，23（12）：76 - 83.

[112] 张丽. 再生商品与专利侵权关联性之研究 [D]. 重庆：西南政法大学，2008.

[113] 张玲. 专利产品的修理与专利侵权问题探讨——从日本再生墨盒案谈起 [J]. 知识产权，2007（3）：62 - 66.

[114] 张勤. 做好新形势下的知识产权运用与产业化工作 [J]. 中国科技投资, 2008 (2): 6 – 8.

[115] 张铜柱, 储江伟, 崔鹏飞, 金晓红. 汽车产品再制造中的知识产权问题分析 [J]. 科技进步与对策, 2010 (3): 91 – 94.

[116] 赵曙明. 跨国公司全球化技术开发战略及启示 [J]. 国际经济合作, 2000 (1): 33 – 37.

[117] 赵晓敏, 徐阳阳, 林英晖. 纳什均衡市场下政府补贴对再制造的影响效应 [J]. 工业工程与管理, 2015 (1): 90 – 94 + 99.

[118] 中国循环经济协会. 中国汽车再制造市场前景广阔[EB/OL]. http://www.gsei.com.cn/html/jnjp/xhjj/967_226147.html. 2015 – 12 – 12.

[119] 中华人民共和国国家发展和改革委员会. 再制造"北京—西藏行"活动圆满成功 [EB/OL]. http://hzs.ndrc.gov.cn/newfzxhjj/dtxx/201310/t20131010_561717.html. 2015 – 12 – 21.

[120] 周晓宁. 我国企业专利管理的现状及对策分析 [A]. 2014 年中华全国专利代理人协会年会第五届知识产权论坛论文集（第一部分）[C]: 2014: 10.

[121] 周志太. 基于经济学视角的协同创新网络研究 [D]. 长春: 吉林大学, 2013.

[122] 朱慧. 机制设计理论——2007 年诺贝尔经济学奖得主理论评介 [J]. 浙江社会科学, 2007 (6): 188 – 191.

[123] 朱立龙, 于涛, 夏同水. 创新驱动下三级供应链分销渠道产品质量控制策略研究 [J]. 系统工程理论与实践, 2014 (8): 1986 – 1997.

[124] 诸大建, 朱远. 从生态效率的角度深入认识循环经济 [J]. 中国发展, 2005 (1): 10 – 15.

[125] 庄李洁. 专利权穷竭原则的适用研究——以美国实践为借鉴 [D]. 上海: 华东政法大学, 2011.

[126] Abbey J D, Meloy M G, Guide V D R, et al. Remanufactured Products in Closed-Loop Supply Chains for Consumer Goods [J]. Production and Operations Management, 2015, 24 (3): 488 – 503.

[127] Abdulrahman M D A, Subramanian N, Liu C, et al. Viability of re-manufacturing practice: a strategic decision making framework for Chinese auto-parts companies [J]. Journal of Cleaner Production, 2015 (105): 311 – 323.

[128] Abdulrahman M D, Gunasekaran A, Subramanian N. Critical bar-

riers in implementing reverse logistics in the Chinese manufacturing sectors [J]. International Journal of Production Economics, 2014 (147): 460 – 471.

[129] Acemoglu D, Moscona J, Robinson J A. State capacity and American technology: evidence from the nineteenth century [J]. The American Economic Review, 2016, 106 (5): 61 – 67.

[130] Agrawal V V, Atasu A, Van Ittersum K. Remanufacturing, third-party competition, and consumers' perceived value of new products [J]. Management Science, 2015, 61 (1): 60 – 72.

[131] Ajzen I. Perceived behavioral control, self-efficacy, locus of control, and the theory of planned behavior [J]. Journal of Applied Social Psychology, 2002, 32 (4): 665 – 668.

[132] Atasu A, Guide V D R, Van Wassenhove L N. So what if remanufacturing cannibalizes my new product sales? [J]. California Management Review, 2010, 52 (2): 56 – 76.

[133] Atasu A, Sarvary M, Van Wassenhove L N. Remanufacturing as a marketing strategy [J]. Management Science, 2008, 54 (10): 1731 – 1746.

[134] Atasu A, Souza G C. How does product recovery affect quality choice? [J]. Production and Operations Management, 2013, 22 (4): 991 – 1010.

[135] Atasu A, Van Wassenhove L N, Sarvary M. Efficient Take-Back Legislation [J]. Production and Operations Management, 2009, 18 (3): 243 – 258.

[136] Avagyan V, Esteban-Bravo M, Vidal-Sanz J M. Licensing radical product innovations to speed up the diffusion [J]. European Journal of Operational Research, 2014, 239 (2): 542 – 555.

[137] Bagchi A, Mukherjee A. Technology licensing in a differentiated oligopoly [J]. International Review of Economics & Finance, 2014 (29): 455 – 465.

[138] Barrett M. A fond farewell to parallel imports of patented goods: The United States and the rule of international exhaustion [J]. European Intellectual Property Review, 2002, 24 (12): 571 – 578.

[139] Bauer R A. Consumer behavior as risk raking [C]. Proceedings of the 43rd Conference of the American Marketing Association, 1960: 389 – 398.

[140] Baumgartner H, Homburg C. Applications of structural equation modeling in marketing and consumer research: A review [J]. International journal of Research in Marketing, 1996, 13 (2): 139 – 161.

[141] Bayındır Z P, Erkip N, Güllü R. Assessing the benefits of remanufacturing option under one-way substitution and capacity constraint [J]. Computers & Operations Research, 2007, 34 (2): 487 – 514.

[142] Borg E A. Knowledge, information and intellectual property: implications for marketing relationships [J]. Technovation, 2001, 21 (8): 515 – 524.

[143] Bouguerra S, Chelbi A, Rezg N. A decision model for adopting an extended warranty under different maintenance policies [J]. International Journal of Production Economics, 2012, 135 (2): 840 – 849.

[144] Chan R Y K. Determinants of chinese consumers' green purchase behavior [J]. Psychology & Marketing, 2001, 18 (4): 389 – 413.

[145] Chen H L, Hwang H, Mukherjee A, et al. Tariffs, technology licensing and adoption [J]. International Review of Economics & Finance, 2016 (43): 234 – 240.

[146] Choi T M, Li Y, Xu L. Channel leadership, performance and coordination in closed loop supply chains [J]. International Journal of Production Economics, 2013, 146 (1): 371 – 380.

[147] Chopra S, Meindl P. Supply chain management. Strategy, planning & operation [M]. Das Summa Summarum des Management. Gabler, 2007: 265 – 275.

[148] Chung C J, Wee H M. Short life-cycle deteriorating product remanufacturing in a green supply chain inventory control system [J]. International Journal of Production Economics, 2011, 129 (1): 195 – 203.

[149] Cook T, Dwek R, Blumberg B, et al. Commercializing University Research: Threats and Opportunities—The Oxford Model [J]. Capitalism and Society, 2008, 3 (1).

[150] De Giovanni P, Zaccour G. A two-period game of a closed-loop supply chain [J]. European Journal of Operational Research, 2014, 232 (1): 22 – 40.

[151] De Giovanni P. Environmental collaboration in a closed-loop supply

chain with a reverse revenue sharing contract [J]. Annals of Operations Research, 2014, 220 (1): 135 – 157.

[152] Debo L G, Toktay L B, Van Wassenhove L N. Market segmentation and product technology selection for remanufacturable products [J]. Management Science, 2005, 51 (8): 1193 – 1205.

[153] Dickson M A, Lennon S J, Montalto C P, et al. Chinese consumer market segments for foreign apparel products [J]. Journal of Consumer Marketing, 2004, 21 (5): 301 – 317.

[154] Dodds W B, Monroe K B, Grewal D. Effects of price, brand, and store information on buyers' product evaluations [J]. Journal of Marketing Research, 1991: 307 – 319.

[155] Du Y, Li C. Implementing energy-saving and environmental-benign paradigm: machine tool remanufacturing by OEMs in China [J]. Journal of Cleaner Production, 2014 (66): 272 – 279.

[156] Dyer J H, Nobeoka K. Creating and managing a high-performance knowledge-sharing network: the Toyota case [J]. Strategic Management Journal, 2000, 21 (3): 345 – 367.

[157] Elo M, Kareila T. Management of remanufacturing-strategic challenges from intellectual property rights [J]. International Journal of Manufacturing Technology and Management, 2014, 28 (4): 306 – 335.

[158] Ewing T, Feldman R. Giants among Us [J]. Stan. Tech. L. Rev., 2012: 19.

[159] Fan M, Stallaert J, Whinston A B. Decentralized mechanism design for supply chain organizations using an auction market [J]. Information Systems Research, 2003, 14 (1): 1 – 22.

[160] Ferguson M E, Toktay L B. The effect of competition on recovery strategies [J]. Production and Operations Management, 2006, 15 (3): 351 – 368.

[161] Ferrer G, Swaminathan J M. Managing new and remanufactured products [J]. Management Science, 2006, 52 (1): 15 – 26.

[162] Fishbein M. Readings in attitude theory and measurement [M]. New York: John Wiley and Sons, 1967.

[163] French D P, Sutton S, Hennings S J, et al. The importance of af-

fective beliefs and attitudes in the Theory of Planned Behavior: Predicting intention to increase physical activity [J]. Journal of Applied Social Psychology, 2005, 35 (9): 1824 – 1848.

[164] Gallini N T. The economics of patents: lessons from recent US patent reform [J]. The Journal of Economic Perspectives, 2002, 16 (2): 131 – 154.

[165] Ganesan, Shankar. Determinants of long-term orientation in buyer-seller relationships [J]. Journal of Marketing, 1994 (4): 1 – 19.

[166] Geyer R, Van Wassenhove L N, Atasu A. The economics of remanufacturing under limited component durability and finite product life cycles [J]. Management science, 2007, 53 (1): 88 – 100.

[167] Gharfalkar M, Ali Z, Hillier G. Clarifying the disagreements on various reuse options: Repair, recondition, refurbish and remanufacture [J]. Waste Management & Research, 2016, 2 (25): 1 – 11.

[168] Gibbard A. Manipulation of voting schemes: a general result [J]. Econometrica, 1973, 41 (4): 587 – 602.

[169] Ginsburg J. Manufacturing: Once is not enough [J]. Business Week, 2001 (16): 128 – 129.

[170] Ginsburg J. Manufacturing: once is not enough [J]. Business Week, 2001 (16): 128 – 129.

[171] Giutini R, Gaudette K. Remanufacturing: The next great opportunity for boosting US productivity [J]. Business Horizons, 2003, 46 (6): 41 – 48.

[172] Govindan K, Shankar K M, Kannan D. Application of fuzzy analytic network process for barrier evaluation in automotive parts remanufacturing towards cleaner production-a study in an Indian scenario [J]. Journal of Cleaner Production, 2016 (114): 199 – 213.

[173] Grossmans. An Analysis of the Principal-Agent Problem [J]. Econometrica, 1983, (51): 7 – 45.

[174] Gueder Jr V D R, Li Jiayi. The operational for cannibalization of new products sales by remanufactured products [J]. Decision Sciences, 2010, 41 (3): 547 – 572.

[175] Guide Jr V D R, Li J. The potential for cannibalization of new products sales by remanufactured products [J]. Decision Sciences, 2010, 41 (3): 547 – 572.

[176] Guide V D R. Production planning and control for remanufacturing: industry practice and research needs [J]. Journal of operations Management, 2000, 18 (4): 467 – 483.

[177] Hammond D, Beullens P. Closed-loop supply chain network equilibrium under legislation [J]. European Journal of Operational Research, 2007, 183 (2): 895 – 908.

[178] Hammond R, Amezquita T, Bras B. Issues in the automotive parts remanufacturing industry: a discussion of results from surveys performed among remanufacturers [J]. Engineering Design and Automation, 1998 (4): 27 – 46.

[179] Harris M., A. Raviv. Allocation Mechanism and the Design of Auctions [J]. Econometrica, 1981, 49 (6): 1477 – 1499.

[180] Hassanzadeh A, Jafarian A, Amiri M. Modeling and analysis of the causes of bullwhip effect in centralized and decentralized supply chain using response surface method [J]. Applied Mathematical Modelling, 2014, 38 (9): 2353 – 2365.

[181] Hazen B T, Overstreet R E, Jones-Farmer L A, et al. The role of ambiguity tolerance in consumer perception of remanufactured products [J]. International Journal of Production Economics, 2012, 135 (2): 781 – 790.

[182] Heese H S, Cattani K, Ferrer G, et al. Competitive advantage through take-back of used products [J]. European Journal of Operational Research, 2005, 164 (1): 143 – 157.

[183] Holmstrom B. Moral Hazard in teams [J]. Bell Journal of Economics, 1982, 13: 324 – 340.

[184] Hong I H, Yeh J S. Modeling closed-loop supply chains in the electronics industry: A retailer collection application [J]. Transportation Research Part E: Logistics and Transportation Review, 2012, 48 (4): 817 – 829.

[185] Hong X, Govindan K, Xu L, et al. Quantity and collection decisions in a closed-loop supply chain with technology licensing [J]. European Journal of Operational Research, 2017, 256 (3): 820 – 829.

[186] Hume S, Strand P, Fisher C, et al. Consumers go green [J]. Advertising Age, 1989, 25 (3).

[187] Hurwicz L. The design of mechanisms for resource allocation [J]. The American Economic Review, 1973, 63 (2): 1 – 30.

[188] Jarrett H. Environmental quality in a growing economy [M]. Baltimore: The Johns Hopkins University Press, 1966.

[189] Ji G. Effective Implementation of WEEE Take-back Directive: What Types of Take-back Network Patterns in China [J]. Systems Engineering Procedia, 2011 (2): 366 – 381.

[190] Jiménez-Parra B, Rubio-Lacoba S, Vicente-Molina A. An approximation to the remanufactured electrical and electronic equipment consumer [C]. The 6th International Conference on Industrial Engineering and Industrial Management. 2012: 433 – 440.

[191] Jofre S. , Morioka T. Waste management of electric and electronic equipment: comparative analysis end-of-life strategies [J]. Journal of Material Cycles and Waste Management, 2005, 7 (1): 24 – 32.

[192] John H, Robert G. Remanufacturing a patented product: does "make" include "remake?" [J]. The Rochester Engineer, 2009: 11 – 12.

[193] Jolly V K. Commercialization New Technologies [J]. Harvard Business School Press, Boston, MA, 1997.

[194] Kani M, Motohashi K. Understanding the technology market for patents: New insights from a licensing survey of Japanese firms [J]. Research Policy, 2012, 41 (1): 226 – 235.

[195] Kazuhiro Takemoto, Ryuichiro Kobayashi. Image forming apparatus, control method for image forming apparatus: THE UNITITE STATES, US006512894B2 [P]. 2003 – 01 – 28.

[196] Keeler v. Standard Folding Bed Co, of U. S. Supreme Court [R]. 1895 (157): 659.

[197] Kleber R. The integral decision on production/remanufacturing technology and investment time in product recovery [J]. OR Spectrum, 2006, 28 (1): 21 – 51.

[198] Kollmer H, Dowling M. Licensing as a commercialisation strategy for new technology-based firms [J]. Research Policy, 2004, 33 (8): 1141 – 1151.

[199] Krystofik M, Wagner J, Gaustad G. Leveraging intellectual property rights to encourage green product design and remanufacturing for sustainable waste management [J]. Resources, Conservation and Recycling, 2015 (97):

44 – 54.

［200］ Kwak M，Kim H. Design for life-cycle profit with simultaneous consideration of initial manufacturing and end-of-life remanufacturing［J］. Engineering Optimization，2015，47（1）：18 – 35.

［201］ Lee C. Modifying an American consumer behavior model for consumers in Confucian culture：the case of Fishbein behavioral intention model［J］. Journal of International Consumer Marketing，1991，3（1）：27 – 50.

［202］ Lee J Y，Mansifeld E. Intellectual property protection and US. foreign direct investment［J］. Review of Economics and Statistics，1996（78）：181 – 186.

［203］ Lerner J. 150 years of patent office practice［J］. American Law and Economics Review，2005，7（1）：112 – 143.

［204］ Li C，Geng X. Licensing to a durable-good monopoly［J］. Economic Modelling，2008，25（5）：876 – 884.

［205］ Majumder P，Groenevelt H. Competition in remanufacturing［J］. Production and Operations Management，2001，10（2）：125 – 141.

［206］ Michaud C，Llerena D，Joly I. Willingness to pay for environmental attributes of non-food agricultural products：a real choice experiment［J］. European Review of Agricultural Economics，2012（25）：1 – 17.

［207］ Michaud C，Llerena D. Green consumer behaviour：an experimental analysis of willingness to pay for remanufactured products［J］. Business Strategy and the Environment，2011，20（6）：408 – 420.

［208］ Mirrlees J A. Optimal tax theory：a synthesis［J］. Journal of Public Economics，1976（6）：327 – 358.

［209］ Mirrless J. The optimal structure of authority and incentives within an organization［J］. Bell Journal of Economics，1976，（7）：105 – 131.

［210］ Mitra S，Webster S. Competition in remanufacturing and the effects of government subsidies［J］. International Journal of Production Economics，2008，111（2）：287 – 298.

［211］ Mitra S. Models to explore remanufacturing as a competitive strategy under duopoly［J］. Omega，2016（59）：215 – 227.

［212］ Mitra S. Revenue management for remanufactured products［J］. Omega，2007，35（5）：553 – 562.

[213] Molineaux M, Eisermann K. ESA's new intellectual property policy [J]. Space Policy, 2004, 20 (4): 253 – 257.

[214] Moser P. Patents and innovation: evidence from economic history [J]. The Journal of Economic Perspectives, 2013, 27 (1): 23 – 44.

[215] Myerson R. Optimal coordination mechanisms in generalized principal-agent problems [J]. Journal of Mathematical Economics, 1982, 10 (1): 67 – 81.

[216] Naghavi A. Strategic intellectual property rights policy and North-South technology transfer [J]. Review of World Economics, 2007, 143 (1): 55 – 78.

[217] Nagurney A, Cruz J, Dong J, et al. Supply chain networks, electronic commerce, and supply side and demand side risk [J]. European Journal of Operational Research, 2005, 164 (1): 120 – 142.

[218] Nagurney A, Nagurney L S. Dynamics and equilibria of ecological predator-prey networks as nature's supply chains [J]. Transportation Research Part E: Logistics and Transportation Review, 2012, 48 (1): 89 – 99.

[219] Oraiopoulos N, Ferguson M E, Toktay L B. Relicensing as a secondary market strategy [J]. Management Science, 2012, 58 (5): 1022 – 1037.

[220] Örsdemir A, Kemahlıoğlu-Ziya E, Parlaktürk A K. Competitive quality choice and remanufacturing [J]. Production and Operations Management, 2014, 23 (1): 48 – 64.

[221] Ovchinnikov A. Revenue and cost management for remanufactured products [J]. Production and Operations Management, 2011, 20 (6): 824 – 840.

[222] POIRIER C C, Reiter S E. Otimizando sua rede de negócios [J]. São Paulo: Futura, 1997.

[223] Qiang Q, Ke K, Anderson T, et al. The closed-loop supply chain network with competition, distribution channel investment, and uncertainties [J]. Omega, 2013, 41 (2): 186 – 194.

[224] Rashid A, Asif F M A, Krajnik P, et al. Resource conservative manufacturing: an essential change in business and technology paradigm for sustainable manufacturing [J]. Journal of Cleaner production, 2013 (57): 166 – 177.

[225] Ray S, Boyaci T, Aras N. Optimal prices and trade-in rebates for durable, remanufacturable products [J]. Manufacturing & Service Operations Management, 2005, 7 (3): 208 - 228.

[226] Robert Lund T. Remanufacturing: the experience of the USA and implications for the developing countries [J]. World Bank Technical Papers, 1984: 31.

[227] Robotis A, Bhattacharya S, Van Wassenhove L N. Lifecycle pricing for installed base management with constrained capacity and remanufacturing [J]. Production and Operations Management, 2012, 21 (2): 236 - 252.

[228] Ross S. The Economic Theory of Agency: The Principal's Problem [J]. American Economic Review, 1973, (63): 134 - 139.

[229] Ruben Ojeda. Remanufacture of Encrypted content Using a Replicated Medium the Untie States, US20100014665A1 [P] . 2010 - 01 - 21.

[230] Sappington D. Incentives in Principal-Agent Relationships [J]. Journal of Economic Perspectives, 1991, (5): 45 - 66.

[231] Schultmann F, Engels B, Rentz O. Closed-loop supply chains for spent batteries [J]. Interfaces, 2003, 33 (6): 57 - 71.

[232] Seitz M A. A critical assessment of motives for product recovery: the case of engine remanufacturing [J]. Journal of Cleaner Production, 2007, 15 (11): 1147 - 1157.

[233] Sen D, Tauman Y. General licensing schemes for a cost-reducing innovation [J]. Games and Economic Behavior, 2007, 59 (1): 163 - 186.

[234] Sen S, Bhattacharya C B, Korschun D. The role of corporate social responsibility in strengthening multiple stakeholder relationships: A field experiment [J]. Journal of the Academy of Marketing Science, 2006, 34 (2): 158 - 166.

[235] Sharma V, Garg S K, Sharma P B. Identification of major drivers and roadblocks for remanufacturing in India [J]. Journal of Cleaner Production, 2016 (112): 1882 - 1892.

[236] Simatupang T M, Sridharan R. The collaboration index: a measure for supply chain collaboration [J]. International Journal of Physical Distribution & Logistics Management, 2005, 35 (1): 44 - 62.

[237] Spears N, Singh S N. Measuring attitude toward the brand and pur-

chase intentions [J]. Journal of Current Issues & Research in Advertising, 2004, 26 (2): 53 –66.

[238] Spence M, R Zeckhauser. Insurance, Information and Individual Action [J]. American Economic Review, 1971, (61): 380 –383.

[239] Sternitzke C, Bartkowski A, Schramm R. Regional PATLIB centres as integrated one-stop service providers for intellectual property services [J]. World Patent Information, 2007, 29 (3): 241 –245.

[240] Stevens G C. Integrating the supply chain [J]. International Journal of Physical Distribution & Materials Management, 1989, 19 (8): 3 –8.

[241] Stone T H, Jawahar I M, Kisamore J L. Using the theory of planned behavior and cheating justifications to predict academic misconduct [J]. Career Development International, 2009, 14 (3): 221 –241.

[242] Subramoniam R, Huisingh D, Chinnam R B, et al. Remanufacturing decision-making framework (RDMF): research validation using the analytical hierarchical process [J]. Journal of Cleaner Production, 2013 (40): 212 –220.

[243] Sundin E, Bras B. Making functional sales environmentally and economically beneficial through product remanufacturing [J]. Journal of Cleaner Production, 2005, 13 (9): 913 –925.

[244] The European parliament and the council of the European Union. decision No. 1982/2006/EC of the European parliament and of the council of 18. 12. 2006 [Z]. Official Journal L 412, 2006 –12 –30 (0001 –0043).

[245] The Supreme Court. FUJI PHOTO FILM CO. V. JAZZ PHOTO CORP [EB/OL]. https://www. justice. gov/osg/brief/fuji-photo-film-co-v-jazz-photo-corp-opposition. 2016 –09 –11.

[246] The United States Court. Dana Corp. v. American Precision Co. , 3 U. S. P. Q. 2d 1852 [EB/OL]. http://openjurist. org/827/f2d/755. 2016 –09 –10.

[247] The United States Supreme Court. Wilbur-Ellis Co. v. Kuther 377 U. S. 422 (1964) [EB/OL]. https://en. wikipedia. org/wiki/Wilbur-Ellis_Co. _v. _Kuther. 2016 –09 –10.

[248] Tirole J. The Theory of Corporate Finance [M]. Princeton: Princeton University Press, 2005.

[249] Toktay L B, Wein L M, Zenios S A. Inventory management of remanufacturable products [J]. Management Science, 2000, 46 (11): 1412 – 1426.

[250] U. S. Case Law. United States Supreme Court. Wilson v. Simpson, 50 U. S. 9 How. 109 109 (1850) [EB/OL]. https://supreme.justia.com/cases/federal/us/50/109/. 2016 – 09 – 08.

[251] United States International Trade Co. Remanufactured goods: An overview of the US and global industries [J]. Markets, and Trade, Investigation, 2012 (332 – 525): 4.

[252] United States Supreme Court. ARO MFG. CO. v. CONVERTIBLE TOP CO., (1964) [EB/OL]. https://supreme.justia.com/cases/federal/us/365/336/case.html. 2016 – 09 – 09.

[253] Vadde S, Zeid A, Kamarthi S V. Pricing decisions in a multi-criteria setting for product recovery facilities [J]. Omega, 2011, 39 (2): 186 – 193.

[254] Vercraene S, Gayon J P, Flapper S D. Coordination of manufacturing, remanufacturing and returns acceptance in hybrid manufacturing/remanufacturing systems [J]. International Journal of Production Economics, 2014 (148): 62 – 70.

[255] Vorasayan J, Ryan S M. Optimal price and quantity of refurbished products [J]. Production and Operations Management, 2006, 15 (3): 369 – 383.

[256] Wang Y, Chang X, Chen Z, et al. Impact of subsidy policies on recycling and remanufacturing using system dynamics methodology: a case of auto parts in China [J]. Journal of Cleaner Production, 2014 (74): 161 – 171.

[257] Wei C, Zhao L, Hu D, et al. Electrical discharge machining of ceramic matrix composites with ceramic fiber reinforcements [J]. The International Journal of Advanced Manufacturing Technology, 2013, 64 (1 – 4): 187 – 194.

[258] Widera H, Seliger G. Methodology for exploiting potentials of remanufacturing by reducing complexity for original equipment manufacturers [J]. CIRP Annals-Manufacturing Technology, 2015, 64 (1): 463 – 466.

[259] Wilson R. The Structure of Incentives for Decentralization Under Uncertainty [M]. La Decision, 1969, 171.

［260］Wu C H. OEM product design in a price competition with remanufactured product ［J］. Omega, 2013, 41 (2): 287 – 298.

［261］Wu C H. Product-design and pricing strategies with remanufacturing ［J］. European Journal of Operational Research, 2012, 222 (2): 204 – 215.

［262］Yang G F, Keith M. Intellectual property rights, licensing, and innovation in economics ［J］. Journal of International Economics, 2001, 53 (1): 169 – 187.

［263］Yates S. Black's Law Dictionary: The making of an American standard ［J］. Law Libr. J., 2011 (103): 175.

［264］Zahra S A, Nielsen A P. Sources of capabilities, integration and technology commercialization ［J］. Strategic Management Journal, 2002, 23 (5): 377 – 398.

［265］Zhu Q, Sarkis J, Lai K. Supply chain-based barriers for truck-engine remanufacturing in China ［J］. Transportation Research Part E: Logistics and Transportation Review, 2014 (68): 103 – 117.

附录 A 再制造产品消费现状调查问卷

尊敬的先生/女士：

您好！非常感谢您参与此次问卷调查，本调查主要想获得的是您对再制造产品的认识。本问卷题目是观点性题目，没有对错之分，请回答您真实的想法即可。本次调查采用匿名调查的方式进行，不用担心信息泄露问题。

谢谢您的支持！

一、基本信息

1. 您的性别是：

A. 男　　　　　　B. 女

2. 您的年龄是：

A. 18 岁以下　　B. 19～25 岁　　C. 26～35 岁　　D. 46～60 岁

E. 60 岁及以上

3. 您的学历是：

A. 中专及以下　　B. 专科　　　　C. 本科　　　　D. 硕士

E. 博士

4. 您的年收是：

A. 3 万元及以下　　B. 3 万～5 万元　　C. 5 万～10 万元

D. 10 万～20 万元　　E. 20 万元及以上

二、再制造产品消费者购买意向影响因素调查

请您对以下观点给出同意程度的评价，回答以下问题。1 代表非常不同意、2 代表不同意、3 代表一般、4 代表同意、5 代表非常同意。在您的选项上打"√"。

分项评价	非常不同意	不同意	一般	同意	非常同意
1. 在我看来，我的同学/同事/朋友认为我应该为自己购买再制造产品					
2. 在我看来，我的亲人认为我应该为自己购买再制造产品					
3. 在我看来，对我重要的绝大部分人认为我应该为自己购买再制造产品					
4. 我感觉为自己购买再制造产品的行为是愚蠢的					
5. 我感觉为自己购买再制造产品的行为是正确的					
6. 我感觉为自己购买再制造产品的行为是理智的					
7. 我很乐意购买我熟悉的品牌所推出的再制造产品					
8. 性能相当情况下，即使价格稍高，我还是会购买我熟悉品牌推出的再制造产品					
9. 如果下次购买同类产品，我还是会是选择该品牌的再制造产品					
10. 再制造品的质量、使用性能不如新品					
11. 再制造品安全性能不如新品，可能会威胁自己及他人人身安全，如再制造发动机					
12. 再制造产品的质量、性能等方面出现问题并造成经济损失的可能性更大					
13. 再制造品的售后服务不如新品，在产品维修、退换货方面会浪费时间					
14. 在下次为自己购买产品时，会购买再制造产品					
15. 在下次为自己购买产品时，首先考虑购买再制造产品					

　　如果您需要最终的调查结果，请留下您的邮箱，调查结束后，会统一发送给您！您的邮箱是：＿＿＿＿＿＿＿＿＿＿＿＿

　　问卷到此结束，谢谢您的参与！

附录 B 汽车零部件再制造试点单位调研问卷

1. 请简单介绍贵公司的再制造流程。
2. 贵公司一般采用何种模式回收废旧产品？废旧产品供应量是否充足？
3. 贵公司和原制造商的关系？
4. 原制造商对贵公司再制造的态度是积极支持，还是消极支持？原制造商是否在推行再制造设计？
5. 除获得知识产权授权外，贵公司是否还需要得到原制造商的其他支持？
6. 再制造同一件产品，公司是否需要处理与多家原制造商的知识产权关系？
7. 在处理与原制造商知识产权关系问题上，是否有引入知识产权服务商的情况？实施情况如何？
8. 贵公司对再制造产品的质量保证措施有哪些？
9. 贵公司再制造产品的商标制度如何规定？
10. 贵公司再制造产品市场销售情况怎么样？
11. 贵公司再制造产品的销售渠道是什么？再制造产品的价格大约为新产品的比例是？
12. 贵公司再制造产品的消费群体主要是？
13. 政府对贵公司再制造产品的采购情况如何？
14. 您认为，再制造产业的瓶颈（面临的主要问题）是什么，如回收渠道、技术、市场问题，还是其他方面？
15. 当前阶段，影响再制造产业的规范有序发展的因素是什么？
16. 贵公司是"以旧换再"推广试点公司，"以旧换再"政策，落实情况如何？有哪些需要改进的问题？如何看待这个政策？
17. 政府颁布的对再制造支持政策落实情况如何？在实行过程中，有哪些问题？
18. 贵公司最希望得到什么样的支持，如法律法规，政府政策，管理制度，行业联盟，社会环境，还是其他？

附录 C 再制造相关标准

序号	标准编号	标准名称	发布单位	实施日期
1	DB31/T 407 - 2015	喷墨打印机用再制造墨盒技术规范	上海市质量技术监督局	2016 - 01 - 01
2	DB31/T 419 - 2015	激光打印机用再制造鼓粉盒组件技术规范	上海市质量技术监督局	2016 - 01 - 01
3	DB31/T 716 - 2013	三相异步电动机高效再制造技术规范	上海市质量技术监督局	2013 - 11 - 01
4	DB31/T 809 - 2014	再制造打印耗材生产企业技术规范	上海市质量技术监督局	2014 - 09 - 01
5	DB31/T 810 - 2014	再制造打印耗材生产过程环境控制要求	上海市质量技术监督局	2014 - 09 - 01
6	DB34/T 2053 - 2014	再制造履带式液压挖掘机 技术条件	安徽省质量技术监督局	2014 - 03 - 17
7	DB37/T 1932 - 2011	煤矿用液压支架立柱和千斤顶激光熔覆再制造技术要求	山东省质量技术监督局	2011 - 10 - 01
8	DB37/T 2688.1 - 2015	再制造煤矿机械技术要求第 1 部分：刮板输送机中部槽	山东省质量技术监督局	2015 - 10 - 02
9	DB37/T 2688.2 - 2015	再制造煤矿机械技术要求第 2 部分：液压支架立柱、千斤顶	山东省质量技术监督局	2015 - 10 - 02
10	DB37/T 2689.1 - 2015	再制造发动机技术要求第 1 部分：机体	山东省质量技术监督局	2015 - 10 - 02
11	DB37/T 2689.2 - 2015	再制造发动机技术要求第 2 部分：曲轴	山东省质量技术监督局	2015 - 10 - 02
12	DB42/T 1091 - 2015	金属切削机床再制造曲轴磨床	湖北省质量技术监督局	2015 - 11 - 24
13	GB/T 19832 - 2005	石油和天然气工业 钻井和生产设备 提升设备的检查、维护、修理和再制造	国家质量监督检验检疫	2006 - 01 - 01

序号	标准编号	标准名称	发布单位	实施日期
14	GB/T 27611 - 2011	再生利用品和再制造品 通用要求及标识	国家质量监 督检验检疫	2012 - 05 - 01
15	GB/T 28615 - 2012	绿色制造　金属切削机 床再制造技术导则	国家质量监 督检验检疫	2012 - 12 - 01
16	GB/T 28618 - 2012	机械产品再制造 通用技术要求	国家质量监 督检验检疫	2012 - 12 - 01
17	GB/T 28619 - 2012	再制造　术语	国家质量监 督检验检疫	2012 - 12 - 01
18	GB/T 28620 - 2012	再制造率的计算方法	国家质量监 督检验检疫	2012 - 12 - 01
19	GB/T 28672 - 2012	汽车零部件再制造产品 技术规范　交流发电机	国家质量监 督检验检疫	2013 - 01 - 01
20	GB/T 28673 - 2012	汽车零部件再制造产品 技术规范　起动机	国家质量监 督检验检疫	2013 - 01 - 01
21	GB/T 28674 - 2012	汽车零部件再制造产品 技术规范　转向器	国家质量监 督检验检疫	2013 - 01 - 01
22	GB/T 28675 - 2012	汽车零部件再制造　拆解	国家质量监 督检验检疫	2013 - 01 - 01
23	GB/T 28676 - 2012	汽车零部件再制造　分类	国家质量监 督检验检疫	2013 - 01 - 01
24	GB/T 28677 - 2012	汽车零部件再制造　清洗	国家质量监 督检验检疫	2013 - 01 - 01
25	GB/T 28678 - 2012	汽车零部件再制造　出厂验收	国家质量监 督检验检疫	2013 - 01 - 01
26	GB/T 28679 - 2012	汽车零部件再制造　装配	国家质量监 督检验检疫	2013 - 01 - 01
27	GB/T 30462 - 2013	再制造非道路用内燃机 通用技术条件	国家质量监 督检验检疫	2014 - 10 - 01
28	GB/T 31207 - 2014	机械产品再制造 质量管理要求	国家质量监 督检验检疫	2015 - 05 - 01

序号	标准编号	标准名称	发布单位	实施日期
29	GB/T 31208 – 2014	再制造毛坯质量检验方法	国家质量监督检验检疫	2015 – 05 – 01
30	JB/T 12265 – 2015	激光再制造 轴流风机 技术条件	工业和信息化部	2016 – 03 – 01
31	JB/T 12266 – 2015	激光再制造 螺杆压缩机 技术条件	工业和信息化部	2016 – 03 – 01
32	JB/T 12267 – 2015	激光再制造 高炉煤气余压透平发电装置动叶片 技术条件	工业和信息化部	2016 – 03 – 01
33	JB/T 12268 – 2015	激光再制造 高炉煤气余压透平发电装置静叶片 技术条件	工业和信息化部	2016 – 03 – 01
34	JB/T 12269 – 2015	激光再制造 烟气轮机叶片 技术条件	工业和信息化部	2016 – 03 – 01
35	JB/T 12272 – 2015	激光再制造 烟气轮机轮盘 技术条件	工业和信息化部	2016 – 03 – 01
36	SN/T 2878. 2 – 2011	进口再制造用机电产品检验规程和技术要求 第2部分：工程机械轮胎	国家质量监督检验检疫	2011 – 12 – 01
37	SN/T 3696 – 2013	进口再制造用途机电产品检验风险评估方法指南	国家质量监督检验检疫	2014 – 06 – 01
38	SN/T 3837. 1 – 2014	进口再制造用途机电产品检验技术要求 第1部分：鼓粉盒	国家质量监督检验检疫	2014 – 08 – 01
39	SN/T 3837. 2 – 2014	进口再制造用途机电产品检验技术要求 第2部分：载重汽车轮胎	国家质量监督检验检疫	2014 – 08 – 01
40	SN/T 4245 – 2015	进出口汽车再制造零部件产品鉴定规程	国家质量监督检验检疫	2016 – 01 – 01
41	SN/T 4247 – 2015	自贸试验区进口再制造用途机电产品检验规程	国家质量监督检验检疫	2016 – 01 – 01
42	GB/T 32222 – 2015	再制造内燃机 通用技术条件	国家质量监督检验检疫	2016 – 07 – 01
43	JB/T 12732 – 2016	再制造内燃机 发电机工艺规范	工业和信息化部	2016 – 09 – 01

序号	标准编号	标准名称	发布单位	实施日期
44	JB/T 12733 – 2016	再制造内燃机　飞轮工艺规范	工业和信息化部	2016 – 09 – 01
45	JB/T 12734 – 2016	再制造内燃机　连杆工艺规范	工业和信息化部	2016 – 09 – 01
46	JB/T 12735 – 2016	再制造内燃机　零部件表面修复工艺规范	工业和信息化部	2016 – 09 – 01
47	JB/T 12736 – 2016	再制造内燃机　喷油泵总成工艺规范	工业和信息化部	2016 – 09 – 01
48	JB/T 12737 – 2016	再制造内燃机　喷油器总成工艺规范	工业和信息化部	2016 – 09 – 01
49	JB/T 12738 – 2016	再制造内燃机　气缸套工艺规范	工业和信息化部	2016 – 09 – 01
50	JB/T 12739 – 2016	再制造内燃机　气门工艺规范	工业和信息化部	2016 – 09 – 01
51	JB/T 12740 – 2016	再制造内燃机　曲轴工艺规范	工业和信息化部	2016 – 09 – 01
52	JB/T 12741 – 2016	再制造内燃机　凸轮轴工艺规范	工业和信息化部	2016 – 09 – 01
53	JB/T 12742 – 2016	再制造内燃机　压气机工艺规范	工业和信息化部	2016 – 09 – 01
54	JB/T 12743 – 2016	再制造内燃机　增压器工艺规范	工业和信息化部	2016 – 09 – 01
55	JB/T 12744 – 2016	再制造内燃机　起动机工艺规范	工业和信息化部	2016 – 09 – 01
56	GB/T 2806 – 2016	土方机械　零部件再制造通用技术规范	国家质量监督检验检疫	2017 – 03 – 01
57	GB/T 32804 – 2016	土方机械　零部件再制造拆解技术规范	国家质量监督检验检疫	2017 – 03 – 01
58	GB/T 32802 – 2016	土方机械　再制造零部件出厂验收技术规范	国家质量监督检验检疫	2017 – 03 – 01

序号	标准编号	标准名称	发布单位	实施日期
59	GB/T 32801 – 2016	土方机械 再制造零部件装配技术规范	国家质量监督检验检疫	2017 – 03 – 01
60	GB/T 32811 – 2016	机械产品再制造性评价技术规范	国家质量监督检验检疫	2017 – 03 – 01
61	GB/T 32810 – 2016	再制造 机械产品拆解技术规范	国家质量监督检验检疫	2017 – 03 – 01
62	GB/T 32805 – 2016	土方机械 零部件再制造清洗技术规范	国家质量监督检验检疫	2017 – 03 – 01
63	GB/T 33221 – 2016	再制造 企业技术规范	国家质量监督检验检疫	2017 – 07 – 01
64	GB/T 33518 – 2017	再制造 基于谱分析轴系零部件检测评定规范	国家质量监督检验检疫	2017 – 06 – 01
65	GB/T 33947 – 2017	再制造 机械加工技术规范	国家质量监督检验检疫	2018 – 02 – 01
66	GB/T 34600 – 2017	汽车零部件再制造产品技术规范 点燃式、压燃式发动机	国家质量监督检验检疫	2018 – 05 – 01
67	GB/T 34596 – 201769	汽车零部件再制造产品技术规范 机油泵	国家质量监督检验检疫	2018 – 05 – 01
68	GB/T 34595 – 2017	汽车零部件再制造产品技术规范 水泵	国家质量监督检验检疫	2018 – 05 – 01
69	GB/T 34631 – 2017	再制造 机械零件剩余寿命评估指南	国家质量监督检验检疫	2018 – 05 – 01
70	GB/T 34868 – 2017	废旧复印机、打印机和速印机再制造通用规范	国家质量监督检验检疫	2018 – 05 – 01
71	GB/T 19832 – 2017	石油天然气工业 钻井和采油提升设备的检验、维护、修理和再制造	国家质量监督检验检疫	2018 – 05 – 01
72	GB/T 35980 – 2018	机械产品再制造工程设计 导则	国家质量监督检验检疫	2018 – 09 – 01
73	GB/T 35978 – 2018	再制造 机械产品检验技术导则	国家质量监督检验检疫	2018 – 09 – 01
74	GB/T 35977 – 2018	再制造 机械产品表面修复技术规范	国家质量监督检验检疫	2018 – 09 – 01